八字問財

你的財庫有多大？

Ba Zi Numerology, Your Password to Wealth

筠綠——著

家學淵源，犀利精彩

筠綠太準，準到我會不敢問！

先恭喜筠綠出第三本書了，「八字問財」！

很榮幸也很開心受筠綠之邀來寫序，可是等到要下筆倒是千斤重，畢竟跟筠綠一家都熟，超過二十年交情不說，還有緣接生過她姊姊好幾個可愛小朋友；八字命理的部分，幾乎是每年都要找筠綠幫家人算算流年的，甚至有時候有些事難以下決心的時候，家人就說：「約一下筠綠問問看她意見吧」，真的算是「於公於私」都有交情。

我家除了我之外都超愛算命的，因此從很小我就記得爸媽很愛打聽哪裡有哪個「仙」很厲害，甚至曾經有跑去很遠某些個很有名的算命師父那邊好幾趟，批了全家和重要長輩的命格回來的紀錄。幾年前我遭遇人生重大挫折，期間也是頻頻找手相師父、不管多遠也去求神拜佛，甚至父母苦心為了我差點被聲稱可以改運者所騙，結果還是傷心收場。這下我可火了，以前到現在那麼多流年批命，怎麼沒人告訴我會有這一個結果呢？某天我翻出家裡

整理成一大疊不同命理老師批過的流年或是算命資料，卻赫然發現，全部這麼多所謂「很神」的「仙」、「很準」的「老師」，只有筠綠的母親在我考大學那一年的某個午後，幫我批的八字命盤裡，這個事件寫得清清楚楚。只是當時一方面年輕，心裡判斷時間點和事件應該不會發生，再者算過那麼多只有這次有說會有這問題，也就不放在心上；想不到，準準的成真了。

筠綠從小跟著她母親學八字命理，因此出師的很早，加上她後來又有統計和MBA的經歷，解讀命理內容不會拘泥於傳統，更加貼近現實。曾經看她在現場直播的廣播節目接受電話Call in立即批流年算個性運勢，犀利精彩之餘，還神準到會有點讓人害怕！

我從二〇〇八年開始有機緣參加國際醫療志工活動，這類的工作都是到偏遠與艱困的地區去，協助醫療資源缺乏的民眾；家人為此非常擔心，畢竟去的地方要不就是要搭飛機好幾趟才到，要不就是山路崎嶇衛生不佳，某次我老媽偷偷向筠綠抱怨，結果筠綠很坦率地說：「她走五年水運，還要這樣四處亂跑五年；之後就會乖乖不亂跑了」，這答案讓我老媽釋懷（認了？），不再叨唸我的四處流浪；而也很神奇的是，這幾年我跑過好幾趟印度之外，還去了南韓、印尼、尼泊爾、斐濟以及南太平洋島國吐瓦魯，上個月又去了一趟紐約，這些可不是我仗著筠綠說水運故意亂跑哦，也不是例行工作所需，都是剛好有義工任務或者有會議、代表不同團體去開會等等；每次有電話打來問我「林醫師，我們有個活動要出國去……」，我就要讚嘆一次筠綠講的也太準了。

筠綠批命是不見面的，都是約好之後從電話中來談；她曾說這樣子看不到對方的表情，比較好照著命盤顯示的事實來說，畢竟很多時候不見得都是好消息，免得因為怕案主難過傷心而變成只報喜不報憂。我倒覺得不見面是顯示出她功力的另一個證明，大家都知道台灣很多算命其實參雜著心理學和社會學，案主的穿著、外貌、表情、動作等等，即使不用看命盤，有時候也可以猜之一二，此時再用一些問題試探，參酌案主表情，十之八九都可以猜到一些，讓人大呼「好神準」，其實是案主自己的言行透漏了線索；而筠綠不見面，純粹憑命盤，這就真的是完完全全的功力了。甚至有的時候她光憑案主的生辰八字，連案主的配偶、小孩大致的個性命格都可以說得精準；或是時辰不確定的，也可以從一些流年線索來推斷正確的生辰八字，在我看起

來，這可真是一門專業。

我常跟筠綠開玩笑說，妳太準了，準到我會不敢問。話雖這麼說，其實每次聽她論命論八字流年，總是讓我讚嘆之餘，也像看了很多部精彩的人生故事。歡迎大家一起來了解你／妳的人生故事！

林靜儀　醫師

現任

中山醫學大學附設醫院婦產部主治醫師

台中市婦女權利促進委員會委員

文建會性別平等專案小組委員

中山醫學大學醫學系講師

窺探子平八字的奧妙

認識筠緣十餘載，不論我們身處何地，都經常一起分享不同的個案前來求助時的提問。說來有趣，十有八九，不是問感情，便是問財運。

美國《富比士》雜誌剛剛公布2012年全球億萬富豪排行榜：今年共五十八國、一二二六人跨過十億美元進榜門檻，總人數不但締造富比士榜問世以來新高，總身家也破紀錄達四兆六千億美元，平均財富卅七億美元。多妙啊！人們擁有的財富可以天差地別。平凡人憑藉自己的努力，要在寸土寸金的台北市買下一個中古屋，縱使不吃不喝，都需要數十年的光陰；而富人擁有的豪華房產卻是不計其數。窮人還在苦無下一頓飯的時候，富人卻願意付出成千上萬的金錢，千方百計地想要減去身上的幾公斤贅肉。

凡夫俗子如我，也曾羨慕那些含著金湯匙出生的孩子，或是不費吹灰之力便賺進大把鈔票的富豪。沒錯沒錯，你我都懂「錢乃身外之物」、「錢不是萬能」或是「與其爭名奪利，何不好好享受心靈的富有」這樣的大道理。但不可諱言的，唯有擁有足夠的經濟基礎，人生很多的選擇才能夠隨心

所欲。於是，理智會一再而再被財富帶來的虛榮感以及奢華享受所吞噬，週而復始著汲汲營營的生活，只為名，只求利。追求財富的過程，有人胼手胝足，自然也有人輕鬆應對、日進斗金。之中的差別，就在「運」一字。不懂得把握自己的財富運勢，抓不住最佳的致富良機，縱使有發財的運，財富還是會與您擦身而過。這遠比學習如何投資理財、如何節制支出，要來得重要。那我們該怎麼知道自己的財運呢?

筠綠的前兩個作品，已盡心的將繁複的古文量化成淺顯易懂的數字，佐以插畫及圖表，帶領我們窺探子平八字的奧妙。藉由日主本身的個性為基礎，延伸到運勢現象甚至流年流月，給讀者一個人生方向做為參考。這本剛出爐的「八字問財」八字財運分析書，延續了前兩個作品的簡易入門法，幫助我們快速找到自己的財運年限。跟著自己的「運勢」走，財運好的時候，狠狠的把握住；財運不那麼好的時候，絕對要懂得如何保守抗跌。只要我們能夠把握住自己財運佳的階段，便能為自己的人生重做選擇，重新規劃並升級往後的生活，讓自己的人生與自己最在意的事情息息相關。反之，財運不佳的片刻就要盡量保守支出，投資理財決策都務必經過審慎的評估。只要能夠領略這些要點，相信事半功倍，水到渠成不是難事！

祝福大家，財運亨通！

友人

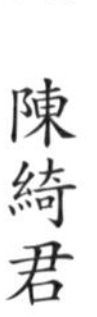

掌握你的「運中之財」

恭賀筠綠的第三本書即將出版，此次探討的主題是與你我皆息息相關的「財運」！

近年來物價頻頻上揚，在這經濟的動盪變化中，市井小民對生活錢財的安頓都存有著不安，放眼望去市面上有相當多教人理財投資的刊物，但屬於你的財在哪？孰不知在你我的運勢之中，已有著命中所屬的財運起落。

筠綠每本書的出版，總是涵概著創新及令人驚豔的巧思，而這本書的問世，我相信又會是命理書籍中史無前例的創舉，因為這是一本專為你我量身打造的八字財運書，每位讀者皆能從書中找到專屬於你的流年財運運勢！

這樣的一本書可以看見作者的無私及周到，用盡心思的將各日主與幾千種的干支組合歸納都完整的呈現，且以人人皆能理解的數值來呈現財運的好壞，你我都能從書中找到從過去到未來每一年的流年財運數值，亦可以從過去的經驗中更能意會每一個數值自己的感受程度，如此在往後的每一個流年中都能預知新的一年對於自己的財是宜攻或宜守；且書中依舊對八字命理的理論有詳盡且白話的解說，並輔以各日主的案例解說，因而無論是要學八字，或是僅想知道自己一生的財運，我想這本書都能說是本無價的禮物。

畢竟對於多數人來說，八字命理或是其他的算命工具都是無法一蹴可及的，若要學習到能自己判斷運勢就需花上許多年的時間，或若直接找命理老師論命，每次的論命花費之後許多不同的論法並不知其背後的知識理論依據，而綜觀市上多數命理教學書籍內容，並沒有給一般大眾個別化的好壞結果答案以及明確的運勢方向論述，多是些較概述的理論解釋，而這本書卻真正做到一個面面俱到的程度，除了八字基本原則理論外，還給予要學習八字的人一個明確的判斷方向，甚至是說明了該以何判準去對運勢論好論壞，這對於學八字的人來說的確是相當有幫助的考量提醒，而對於並不想去進入八字命理領域的人來說，也可以立即又清晰的準確知道自己將有的財運走向。

生活中你我都熟知順勢而為的道理，其實「順運而為」，反倒能更加乘的去守財及運財；在拜讀初稿時我亦迫不及待的去找出自己的流年財運，當看見每年的數值時除了深感數值之貼切，亦讚嘆這本書將會是眾人之福。

就讓你我在財運較低點時能保守安然的轉化度過，在財運佳的流年能大

展身手開創財富，於是順運而為之後能「因運而生」，屬於你的運中之財將能被充分的掌握開展！

大學講師　張永安

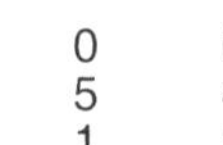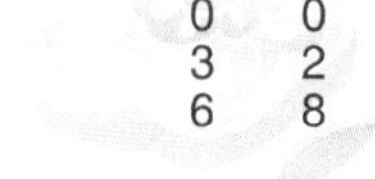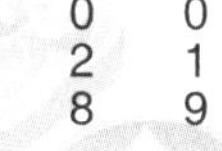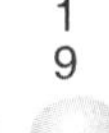

第三章　大運與流年的財運

第一章

八字裡的財

八字論命主要是基於五行的生剋變化而來，而五行生剋有它一定的規則和基本原則，單是五行生剋雖然看起來簡單，但要將規則帶入八字命盤中，就會是比較複雜的應用問題。當然，八字論命裡可以看到的狀況，包含了各個方面，像是工作財運、感情婚姻、家庭人際，還有健康和小孩…等等，應該是說大方向可以包含所有方面，而小地方也可以有一定的準確度。

八字命盤包括了八字本命、大運和流年三大部分，而每個部分都是由天干地支的組合而成，如果簡單來說，八字本命是代表個性和個人主要的形成條件，像是個人特質、家運現象、家庭成員特質，以及個人水準等，也就是比較屬於個人天生，以及後天形成，比較個人的一部分；而大運是代表人生一路走來的現象和感受，像是從小到大的各種狀況和歷程，先不論好或壞，總是一個大方向的人生藍圖，不管是出生家庭的狀況，父母特質和影響，學業順利或不順，出社會後的工作事業狀況，還有感情婚姻的基本現象，以及子息方面的特質…等等，所有的大方向和過程變化，都是從大運來判斷，也所以會是比較讓人有所感受的一個部分；最後流年的部分，流年代表著所發生的事件，以及事件的影響和因果，由於流年的意義是每一年，就是說今年有今年的流年，去年有去年的流年，明年有明年的流年，不管是過去或未來，當我們討論到哪一個年的現象，那就是那一年的流年現

象，因為每一年都會有它所代表的天干地支組合，所以流年主要就以年來當單位，而在某個流年裡出現的事情和狀況，當然會讓當事人對那一流年印象深刻，也所以流年就代表著事件，或是變動。

簡單來說，八字命盤的組成有三大部分，本命、大運和流年，而本命代表個人條件，大運代表人生經歷感受，流年代表事件和變動狀況。

財運，是屬於運勢裡的一部分，對很多人來說這一個部分特別重要，而要判斷八字命盤裡的財運好壞及財運現象，也有它一定的判斷規則。我們知道八字命盤包含了三大部分，本命、大運和流年，當然這三大部分也是用來判斷財運現象的元素，只是判斷的方式會和其他方面像婚姻感情，健康小孩…等都不同。

一般來說，要知道財運現象好壞，主要要先了解五行生剋的規則，還有大運和流年對於日主的干支影響，而最基本最簡單的方式，是用天干相剋的循環來判斷，依「我剋為財」的原則為基本方式，不過在正確的八字論命的理論中，其實並不是「財出天干」就代表會有財，反而大部分都要論為「財不穩定」，且並不是好的財運模式，因為天干和地支的特性和實質性並不一樣，常常比較實質有影響力的現象都會是在地支，而這也可以解釋為，檯面上出現的財並不一定是好財運，反而只會帶來劫財和損失，其實真正好的財運會比較是在地支的影響，檯面下的財似乎會更實質更安全。基本上，財運的好壞和運勢的好壞有很大的關連，因為大部分來說，所謂的好運勢，常常都以是否成功來做為評論的，像是工作事業的成功或是投資方面的獲利，往往也都是代表著好的財運所致。

其實八字裡的財，要拿出來單一判斷，說難並不難，但說容易又好像不太容易，在這本書裡會把許多的財運現象都做說明，也盡量用簡單易懂的方式去分析，讓大家能容易的就能判斷出自己的財運走勢與好壞。基本上一個八字命盤裡，通通都是由天干地支來組成的，所以要了解八字運勢還是要先對天干地支，以及五行生剋要稍做了解，才能比較快進入狀況。

而在子平的十神理論裡，財的方面分成了「正財」和「偏財」二種，其代表的意思雖不完全相同，但大方向不外乎都是在探討財運，其實要正確的去區分正財和偏財二者，並不是和大家心裡所想的正財偏財一樣，這裡的正財和偏財主要是用子平理論來判斷，也可以說只是一個名詞，只是一個代表財運的名詞，且並沒有真正在區分正財是所謂的工作賺來的正財，也不是在說明偏財是投資投機而來的財，在這裡的正財和偏財，是學理上的兩個名詞，只是因為五行生剋而來的陰陽區別，所以在這裡也要稍為先釐清和了解正財和偏財的意義，與大眾最直接的想法不太一樣。

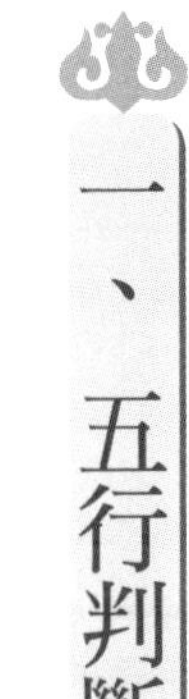

一、五行判斷方式

所謂「五行」，就是木、火、土、金、水，這五大元素在地球環境中，都相當重要，就我們生活裡面也是缺一不可，而在八字命盤當中也是，也許很多人不是很了解，但八字命理基本上是把所有天干地支都轉換成五行來看的，只是在於五行元素的旺弱程度有所差異，會造成相互間影響的現象，而這些現象就是命盤裡各方面的狀況，也就是說利用五行現象就可以判斷出各方面的好壞狀況，所以五行元素相互間的生剋影響，在八字命盤裡是基本判斷規則。

1、五行生剋簡單介紹

天干的五行屬性分別為，甲乙屬「木」、丙丁屬「火」、戊己屬「土」、庚辛屬「金」、壬癸屬「水」。

甲：陽木，代表物為大樹，有硬枝幹的植物。

乙：陰木，代表物為花草，爬藤類，及所有不是樹的植物。

丙：陽火，代表物為太陽，大火，有形的火。
丁：陰火，代表物為溫度，較無形的火。
戊：陽土，代表物為高山，厚土。
己：陰土，代表物為平原，薄土。
庚：陽金，代表物為強風，大氣流。
辛：陰金，代表物為微風，小氣流。
壬：陽水，代表物為大水，大河，大湖。
癸：陰水，代表物為小水，小河川，小湖。

◎五行的相生規則為，木生火、火生土、土生金、金生水、水生木。

木 → 火 → 土 → 金 → 水 → 木

◎五行的相剋規則為，木剋土、土剋水、水剋火、火剋金、金剋木。

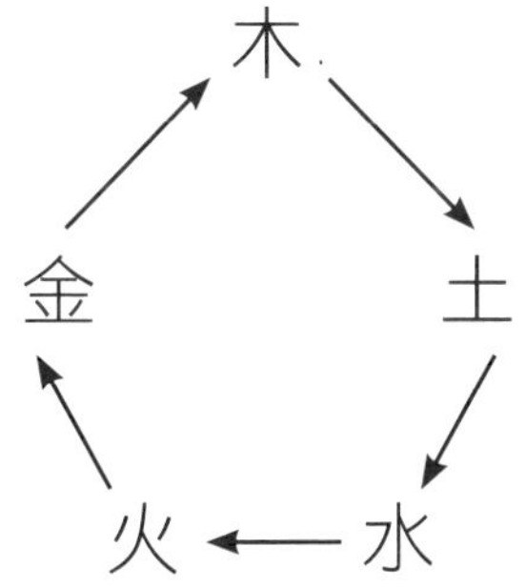

木
土
水
火
金

・木生火：

「木生火」就像字面上的意思，木可以讓火增大，讓火更旺盛，也讓火的溫度更高且更燥熱。天干甲乙屬木，分別是甲陽木和乙陰木，雖特質和代表物不太一樣，但都是可以有木生火的功能。

在大自然的現象裡，木生火最主要的現象和功能，是木能增加火的溫度與規模，木燃燒能讓火變旺盛，讓溫度提高，也就是木能輔助使火更旺。而在八字命盤裡，如果在年限裡出現甲或乙，再出現丙或丁，不管是在本命、大運或流年之中，甚至是地支代表的木或火，都會是木生火的現象。假設甲日主的命盤，剛好大運走到丙午運，那很明顯就是木生火的現象。

‧火生土：

「火生土」就像字面的說法，丙丁火能讓土變燥熱，能讓土更穩固且更有作用，就像高溫的太陽，能讓土更旺盛，不管土是要「育木」，或是「蓄水」，堅固且有力的土才能有好功能。簡單來說，火是土的生命力，高溫、實質的火，才能更有效的讓土燥熱堅固，所謂火炎土燥，也就是實質有力的火，才能真正幫助到土，如果太弱的火，本身就已經不穩定，當然也很難讓土變燥熱。

而在八字命盤裡，火生土的現象及解釋，在八字命盤裡，在同一個時段之中，出現丙或丁，再逢遇到戊或是己；又或者是當戊或己，再逢遇到丙或丁，就會出現「火生土」的現象，不管是在命盤裡，及大運或是流年中，出現丙丁再逢遇到戊或己，逢遇到丙或是丁，再逢遇到戊己，那很明顯就是木生火的現象。

‧土生金：

「土生金」，相信很多人對於土生金的認知，都會覺得是從土裡挖出金或是礦物，又

或者金是從土裡出來的⋯等等。但其實在這裡真正的解釋，金是氣流或風，也是雲霧，而土生金的意義，則是高低起伏的大地，會產生出氣流和風，尤其是山邊，很容易就會產生落山風或是山嵐。

基本上，土生金很明顯的，會隨著季節的變化而受影響，也就是會隨著不同的季節變化，氣流的大小與規模都會有很大差異，一年四季裡的氣流大小都不同，像秋天裡的氣流，明顯比較大也比較強烈，而夏天裡的氣流，也就比較微弱，也比較輕淡。在八字命盤裡，土生金的現象及解釋，是出現戊或己，再逢遇到庚或是辛；又或者是當庚或辛，再逢遇到戊或己，就會出現「土生金」的現象。

・金生水：

「金生水」在這裡的解釋，金是氣流和風，也是雲霧，而金生水就是氣流會產生降雨，即金生水。在大自然的現象裡，當冷空氣遇到熱空氣時，就容易產生下雨現象，且比較旺盛的氣流，則會產生比較多的降雨，像大颱風就會帶來較大的豪雨。基本上，金生水的現象，也是會隨著季節而有所差異，因為是和氣流有密切關係，比較旺盛的氣流才會產生比較多的水，而比較弱的氣流當然也就會是較少的水。

一般來說，當日主為庚辛金，不管是在命盤裡，及大運或是流年中，逢遇到壬癸，就是金生水現象。當然也不只這樣的搭配，應該說在命盤的某一年限裡，同時出現壬或癸，加上庚或辛時，就會是金生水。

‧水生木：

「水生木」就像字面上的意思，水要灌溉木，才能讓木得到該有的水分。水對木來說，或對所有的生物來說，都是非常重要且不可缺的元素，所以水生木的現象就非常的重要。基本上，水的過少或過多相當重要，水若太少，木會乾死渴死，但相對的，若是水太過多，那很容易就會變成水淹木了。

在八字命盤裡的現象，當壬或癸水，不管是在命盤裡，及大運或是流年中，逢遇到甲乙，則就是水生木的現象。

‧木剋土：

「木剋土」就字義上來解釋，甲乙木種植在戊己土上，而不管是在高山或是平原，木大部分都需要土來培育。木剋土的組合，可以從二個方面來討論，若從木的觀點來看，

甲乙木當逢遇到戊己土，且如果是遇到比較弱較無力的土，那對甲乙木來說，當逢剋到不理想的土，木自己本身則無法好好成長，土反而成長不理想的元素；而若是從土的觀點來看，木對土來說是剋我，也是壓力，但因為育木本身就是土的基本功用，所以會變成既是壓力也是展現，畢竟木若長的好就會是有展現的土。

在八字命盤裡，木剋土的現象，可能是日主本身的逢遇，也可能是本命和大運之間的逢遇，或與流年的逢遇。如果在某一年限中同時出現甲或乙，也出現戊或己那就會出現木剋土的現象。

・土剋水：

「土剋水」就字面上來說，就是土可以擋水，可以吸收水，但有一個前提，一定要是很旺的土才有能力擋水，否則太濕軟的土反而讓水氾濫，被水沖走。天干戊己的屬性是土，而天干壬癸的屬性是水。但相對的，若是太旺太燥熱的土，逢遇到較少的水，那水很快就會被土給吸乾，這樣反而把水變不見，並不是理想的治水，就變過度的土剋水，水就會變成不穩定的元素。

在八字命盤裡，土剋水的解釋和現象，可能是日主本身的逢遇，也可能是本命和大運之間的逢遇，或與流年的逢遇，如果出現戊或己，再搭配到壬或癸，那就會有土剋水的現象。

‧水剋火：

「水剋火」大家都知道，水能抑制火，就是所謂水剋火，但基本上還要看是如何的搭配，如果是很多的水還可以剋火，若已經是很少的水，很可能無法發揮水剋火的功能。天干壬癸屬水，而天干丙丁屬水。一般來說，水剋火代表水把火降溫，讓火變弱且不穩定，但其實水或是火的比例和旺弱規模，都會影響到互相的旺弱現象。

在八字命盤裡，「水剋火」的現象，可能是日主本身的逢遇，可能是其他柱和大運之間的逢遇，或者是大運和流年的逢遇，當出現丙或丁，再逢遇到壬或癸，雖然不同位置的水剋火，就會有不太一樣的解釋，不過基本原則都還是水剋火現象。

‧火剋金：

「火剋金」也許很多人都會認為，是火可以熔金，打造金，或是火煉金。但在這裡，金代表氣流或是風，所以火剋金，就是代表高溫會讓氣流變弱，高溫炎熱也會讓氣流變比較活潑，比較不穩定，甚至是降雨。庚辛的屬性是金。基本上，大自然裡的火剋金，高溫燥熱會讓氣流不穩定，但高溫一般來說，比較實質的是夏季的高溫，所以氣流或是風在夏天，就明顯比較弱比較小。但相對的，秋季的氣候比較不穩定，氣候變化比較大，氣溫的變化也較大，氣流就會明顯比較強烈且不穩定，像秋天的颱風，往往破壞力都相當大。

在八字命盤裡「金剋木」的現象，如果丙或丁火，搭配到庚或辛金，就會出現火剋金現象。不過這樣的現象是明顯或不明顯，還是要各別判斷旺弱程度而定的。

．金剋木：

「金剋木」大部分人的解釋，都會是金屬伐木或是鋸木，或是金屬可以修剪木，但在這裡的解釋，金並不是金屬，而是氣流或是風，而所謂的金剋木，就是強烈的氣流或是颱風颶風，可以傷木斷木，甚至可以把木連根拔起，也就是金剋木。在大自然的運行中，五行元素都是屬於天然自然形成的現象，當中不參雜到人為的部分，才是正確永恆的生剋現象。而基本上，金的功能是修飾木，太多的木就需要些削減和修飾，對木來說才會長的更好，不過氣流也不可以太過強烈，太強的風不只是斷枝，一不小心還會攔腰折斷，就變成太過度的金剋木，所以說金的規模還是要適度，才是真正有效率的功用，但若是太微弱的氣流，修飾木的效果並不好，一陣微風吹過，木還是依然原狀。

在八字命理中的「金剋木」現象，可能是日主本身的逢遇，可能是其他柱和大運之間的逢遇，或者是大運和流年的逢遇，不同位置的金剋木，就會有不太一樣的解釋，但基本都是金剋木的現象。

2、五行的財運判斷

五行的財運判斷方式，當中最主要的是五行的相剋，當然要判斷財運現象及好壞，還有其他的判斷方法，不過若是要判斷財運方面的事件，像是變動工作，投資好壞，或事業現象或起伏的大方向…等等，主要都是從五行相剋來判斷，亦或是從五行生剋相關的現象來判斷討論，因為在八字的五行理論中，有它一定的判斷規則，所以要判斷財運之前，要先了解到財運判斷規則，才能去探討命盤裡的現象，就像要先學會加減乘除之後，才能開始做應用問題。

首先要先知道五行相剋循環，在前一個部分已有簡單介紹，再來最重要的是要知道命盤中的日主為何，尤其是日主的天干為何及其屬性，舉例來說，如果八字命盤中的日主是

甲寅，那此人就是甲寅日的人，也就是甲日主屬木。日主一般來說代表命盤中的當事人，它透露出個人的基本特性和個性，甚至是基本的家庭組合或現象，當然最主要就是代表當事人，而有了代表當事人的日主之後，才能代入命盤的年月時或大運流年的干支裡，去判斷所有出現的現象，像是個性的發展方向、家庭的現象、學業或工作事業，及感情婚姻和健康…等等的所有影響和現象，因為八字命理是講求先了解一個人的個性和特質之後，再去判斷所逢遇和搭配的五行環境，會出現的現象來解釋成所代表的狀況。舉例來說，如果一個人是甲寅日主，那她的基本個性特質就會是甲寅的特質，像是正直、善良、積極、有衝勁、強勢，及能力好…等等，當然還要看年柱及月柱的搭配，才能更準確的去判斷此人的個性現象，不過不管其他是怎麼樣的搭配，都還是利用代表日主的甲寅來代入判斷，所以最主要還是都從日主來出發，去判斷和其他搭配的影響和現象。

在了解命盤的日主的干支及屬性之後，就可以正式的開始來判斷財運的部分，在這裡要先介紹子平的十神法，也就是五行相互的關係會有五種，加上天干各屬性都有陰陽二種，所以就是所謂的「十神」。

而五行相互間的五種關係：

•「同我」即「比肩或劫財」，當日主逢遇到相同的屬性時，甲乙日主逢到甲或乙；丙丁日主逢遇到丙或丁；戊己日主逢遇到戊或己；庚辛日主逢到庚或辛；壬癸日主逢到壬或癸。

•「生我」即「正印或偏印」，當日主逢遇到五行循環裡生給我的屬性時，甲乙日主逢到壬或癸；丙丁日主逢遇到甲或乙；戊己日主逢到丙或丁；庚辛日主逢到戊或己；壬癸日主逢到庚或辛。

•「剋我」即「正官或七殺」，當日主逢遇到五行循環裡剋到我的屬性時，甲乙日主逢到庚或辛；丙丁日主逢遇到壬或癸；戊己日主逢到甲或乙；庚辛日主逢到丙或丁；壬癸日主逢到戊或己。

•「我生」即「食神或傷官」，當日主逢遇到五行循環裡我來生助的屬性時，甲乙日主逢到丙或丁；丙丁日主逢遇到戊或己；戊己日主逢到庚或辛；庚辛日主逢到壬或癸；壬癸日主逢到甲或乙。

•「我剋」即「正財或偏財」，當日主逢遇到五行循環裡我來剋滅的屬性時，甲乙日主逢到戊或己；丙丁日主逢遇到庚或辛；戊己日主逢到壬或癸；庚辛日主逢到甲或乙；壬癸日主逢到丙或丁。

判斷基本財運的方式是利用「我剋」的原則來做基礎，就是十神中的「正財和偏財」，也就是當日主本身逢遇到被日主所剋的屬性時，在五行的相剋循環中，一共會出現五種現象，就是之前介紹過的「木剋土」、「土剋水」、「水剋火」、「火剋金」及「金剋木」，基本上這是一個很平等的循環，亦不複雜，但重要的是因為日主的不同而所剋的元素也會不同。

接下來就把各日主的財運基本判斷原則，列出介紹：

・甲日主：所有的甲日主，即甲寅、甲辰、甲午、甲申、甲戌及甲子，都在此類範圍內，當逢遇到天干是我剋的戊或己（木剋土），都是屬於財或工作相關的狀況，尤其是戊己的大運或是戊己的流年，現象會相當明顯，而戊和己的差別只是大小和格局的不同，但方向是一樣的，若先不論好壞，總之我剋的天干出現，也就是財出天干現象。

・乙日主：所有的乙日主，即乙卯、乙巳、乙未、乙酉、乙亥及乙丑，都在此類範圍內，當和甲日主一樣在逢遇到天干是我剋的戊或己（木剋土），都是屬於財或工作相關的狀況，尤其是戊己的大運或是戊己的流年，現象都會相當明顯，而戊和己的差別只是大小和格局的不同，若先不論好壞，總之我剋的天干出現，也就是財出天干現象。

‧丙日主：所有的丙日主，即丙寅、丙辰、丙午、丙申、丙戌及丙子，都在此類範圍內，當逢遇到天干是我剋的庚或辛（火剋金），都是屬於財或工作相關的狀況，尤其是庚辛的大運或是庚辛的流年，工作財運變動的現象會出現，而庚和辛的差別是大小和格局的不同，但大方向是一樣的，若先不論好壞，總之我剋的天干出現，也就是財出天干現象。

‧丁日主：所有的丁日主，即丁卯、丁巳、丁未、丁酉、丁亥及丁丑，都在此類範圍內，當和丙日主一樣在逢遇到天干是我剋的庚或辛（火剋金），都是屬於財或工作相關的狀況，尤其是庚辛的大運或是庚辛的流年，都是明顯的現象，而庚和辛的差別只是大小和格局的不同，大方向一樣，若先不論好壞，總之我剋的天干出現，也就是財出天干現象。

‧戊日主：所有的戊日主，即戊寅、戊辰、戊午、戊申、戊戌及戊子，都在此類範圍內，當逢遇到天干是我剋的壬或癸（土剋水），都是屬於財或工作相關的狀況，尤其是在壬癸的大運或是壬癸的流年，現象會相當的明顯，而壬和癸的差別只是大小和格局的不同，但方向都是一樣的，若先不論好壞，總之我剋的天干出現，也就是財出天干現象。

・己日主：所有的己日主，即己卯、己巳、己未、己酉、己亥及己丑，都在此類範圍內，當和戊日主一樣在逢遇到天干是我剋的壬或癸（土剋水），都是屬於財運或工作相關的狀況，尤其是壬癸的大運或是壬癸的流年，現象都會相當明顯，而壬和癸的差別只是大小和格局的不同，若先不論好壞，總之我剋的天干出現，也就是財出天干現象。

・庚日主：所有的庚日主，即庚寅、庚辰、庚午、庚申、庚戌及庚子，都在此類範圍內，當逢遇到天干是我剋的甲或乙（金剋木），都是屬於財或工作相關的狀況，尤其是甲乙的大運或是甲乙的流年，現象會相當明顯，而甲和乙的差別只是大小和格局的不同，但方向是一樣的，若先不論好壞，總之我剋的天干出現，也就是財出天干現象。

・辛日主：所有的辛日主，即辛卯、辛巳、辛未、辛酉、辛亥及辛丑，都在此類範圍內，當和庚日主一樣在逢遇到天干是我剋的甲或乙（金剋木），都是屬於財或工作相關的狀況，尤其是甲乙的大運或是甲乙的流年，現象都會相當明顯，而甲和乙的差別只是大小和格局的不同，若先不論好壞，總之我剋的天干出現，也就是財出天干現象。

・壬日主：所有的壬日主，即壬寅、壬辰、壬午、壬申、壬戌及壬子，都在此類範圍內，當逢遇到天干是我剋的丙或丁（水剋火），都是屬於財或工作相關的狀況，尤其是丙丁的大運或是丙丁的流年，現象都會相當明顯，而丙和丁的差別只是大小和格局的不同，但方向是一樣的，若先不論好壞，總之我剋的天干出現，也就是財出天干現象。

・癸日主：所有的癸日主，即癸卯、癸巳、癸未、癸酉、癸亥及癸丑，都在此類範圍內，當和壬日主一樣在逢遇到天干是我剋的丙或丁（水剋火），都是屬於財或工作相關的狀況，尤其是在丙丁的大運或是丙丁的流年，現象都會相當明顯，而丙和丁的差別只是大小和格局的不同，若先不論好壞，總之我剋的天干出現，也就是財出天干現象。

以上就是各日主天干類別，在五行裡的財運判斷基本原則，天干出現我剋的現象，就很容易出現工作財運方面的變動，尤其是在流年出現時則會更明顯，當然要判斷準確的財運現象不只有這樣的一個方式，還要再考慮到其他部分的干支搭配才會更精準，如果只判斷我剋出天干，這樣的財運準確度大概最多會是百分之六十左右，也就是說還是可能會有程度落差，特別是財運的好或壞方面，也可能會判斷錯誤，所以還是需要更深入的去探討才行，接下來的內容會有更多更深入的說明和介紹。

二、正財與偏財

在八字理論裡的正財和偏財，是代表十神裡的正財和偏財，也就是在日主為我剋時的現象，在這裡要更深入介紹所謂的「正財」與「偏財」，及在原始十神裡的意義。從十神的分法，當日主逢遇到同是陽或陰的我剋天干，就是「偏財」，而當日主逢遇到不同是陽或陰的我剋天干，就是「正財」，例如，甲日主逢遇到戊就是偏財，而逢遇到己就是正財，因為甲和戊同為陽性，但己為陰性。

而八字十神裡的正財，並不是代表一般所認知的正財，它不是絕對的只代表於工作事業所獲得的錢財，而偏財也不一定就是意外之財，其實正財偏財不是這樣單一且狹隘的解釋，尤其是現在的社會多元，畢竟和古代的社會環境大大不相同，在許多的面向及看法上也不同，或許許多的工作行業的賺錢型態，或投資型態，會介於正財偏財二者之間，所以在定義上就也不用太絕對的去區分，除非是在命盤裡有很明顯的區別現象，否則大方向去判斷對財運好壞現象就可以，這樣才會較準確。

十神裡的「正財」與「偏財」

正財：古云：「正財生人掌財權，為人處事不會偏，明辨事非特豪爽，身旺能成大財團，身弱財多行財地，要在財上起禍端，要行比劫運不錯，進財好似風刮來，經濟管理特緊省，金融財政可做官，正財多了偏財論，好為女人來敗財，正財多了母壽儉，克母克妻命中安。」

偏財：古云：「偏財人緣最為佳，坦誠為人不虛滑，見義勇為多慷慨，淡泊名利把財發，男人風流又豪爽，博得女人喜歡他，一生求財外地好，輝煌事業有發達，生意買賣容易得，金融外交不差啥，要遇劫財不算好，錢財掙了難存下，正印生身方為好，晚年富翁享榮華。」

古文的十神解釋，其實比較像是籤詩，也比較是一個大方向且較簡易的解釋，在這裡也建議可以認識及參考就好，而在現代的解釋方式，相信會有幾種不同的詮釋方法，不過也應該都會是在同一個範圍裡，不外乎的判斷範圍裡的變化。筆者就現在的解釋方法來說明正財和偏財：

正財的意義：一般來說，正財在八字裡是我剋，是天干屬性和日主陰陽不同，它的意義為我所要的、想掌控和掌握的，且如果正財是出現在大運或流年的天干，那就直接是代表工作事業及財運現象，還有男生的感情婚姻方面。如果正財過多或過旺，並不見得都是代表會有錢，只可以說是有財方面的變動，因為財進或財出在八字判斷上，所出現的現象都會是財出天干，但若要準確的判斷到是好的財運變動或壞的財運變動，則需要更多的判斷加入。

在八字命盤上，女命裡的正財，可以解釋為工作事業，及財運投資。而男命裡的正財，則可以解釋為工作事業，財運投資及感情婚姻現象。

偏財的意義：偏財在八字裡也是我剋，是天干屬性和日主陰陽相同，意義上也是本身所要的、想掌控和掌握的，如果偏財是出現在大運或流年的天干，也代表明顯會有工作財運方面的變動，亦或是男命裡感情婚姻的變動，先不論所發生的變動是好或壞，但變動是一個現象。且如果偏財過旺或過多，並不見得就代表是有錢財，偏財過弱或過少也不是代表沒錢財，畢竟變動可以是好變動也可以是壞變動，所以還是要考慮到其他的搭配狀況而定。

而在八字論命裡，女命裡的偏財，和正財一樣可以解釋為工作事業，及財運投資。而男命裡的偏財，則可以解釋為工作事業，財運投資及感情婚姻。基本上，在十神的正財和偏財分類上，只是和日主天干陰陽屬性異同來區分，而在實際的解釋上，其實也是大同小異的意義，在實際論命時，大方向的判斷並不需要做太大的區隔，因為工作及財運方面的變動，不管陰陽現象，都同樣是同方向的現象，所以讀者在這一個部分可以稍做認識就可以。

第二章

日主與財運

八字的財運分析裡，首先要先了解命盤的日主為何及其屬性，再加上了解五行生剋循環，就可以開始按照判斷的規則去分析財運現象，前面已經大致介紹了天干屬性及五行生剋的意義，和財運的判斷基本方式，我剋出天干時就會出現正財或偏財的現象。另外，在這裡也要簡單介紹十二地支，因為除了十天干之外，地支所佔的份量和影響力也相當大，其實讀者只要能了解地支所代表的意義，也就更能精確的判斷命盤現象。十二地支，簡單來說就是代表農曆的十二個月份，寅卯辰巳午未申酉戌亥子丑。

地支	季節	農曆	國曆時間	氣候	節氣
寅	春季	一月	約2月4日～3月4日	稍冷	立春、雨水
卯	春季	二月	約3月5日～4月4日	微涼	驚蟄、春分
辰	春季	三月	約4月5日～5月5日	舒適	清明、穀雨
巳	夏季	四月	約5月6日～6月5日	稍熱	立夏、小滿
午	夏季	五月	約6月6日～7月6日	炎熱	芒種、夏至
未	夏季	六月	約7月7日～8月7日	燥熱	小暑、大暑
申	秋季	七月	約8月8日～9月7日	濕熱	立秋、處暑
酉	秋季	八月	約9月8日～10月8日	微熱	白露、秋分
戌	秋季	九月	約10月9日～11月7日	稍涼	寒露、降霜
亥	冬季	十月	約11月8日～12月6日	濕冷	立冬、小雪
子	冬季	十一月	約12月7日～1月5日	寒冷	大雪、冬至
丑	冬季	十二月	約1月6日～2月3日	嚴寒	小寒、大寒

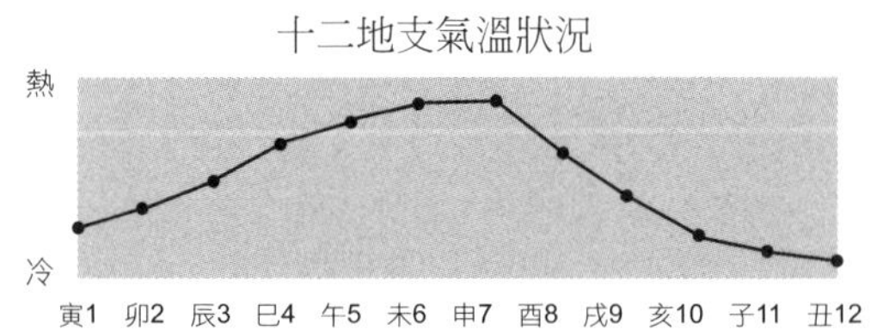

十二地支除了代表農曆的十二個月份，當然還有所謂的十二生肖，也許大家會覺得生肖是每一年才換，應該是代表每一年，為何又是代表十二月份呢?其實都是一樣的意思，因為不管是流年還是流月，都是代表地支的變換，年柱的地支就代表出生的年份，有它的生肖別，而每一個流年也有地支和它所代表的生肖別，月柱或流月當然也都有一個地支，但在月柱或流月它就不能是生肖別，只能是地支，但其實地支在八字論命裡，最重要的意義是它所代表的季節和氣候，因為五行元素在不同的季節和氣候裡，會有不同的樣貌和影響結果，所以地支也相當能影響命盤運勢。

- 寅卯辰：代表春季，木旺
- 巳午未：代表夏季，火旺
- 申酉戌：代表秋季，金旺
- 亥子丑：代表冬季，水旺

在地支規則裡，土旺在四季，但在八字論命時，土在夏季會是較旺的季節，因為火生土，火能讓土旺，所以火旺土就會旺。

當十天干代入十二地支時，一共會有六十組的干支組合，也就是所謂的「六十甲子」，每六十為一個週期或循環，不管是流年或是流月及流日，都是依這樣的規則做循環。而其實這十二個地支都有它所代表的天干及五行，也就是所謂「支藏天干」，即地支也是用五行來做生剋，只是一般人不太知道這些部分。

在這裡為了要讓讀者能獲得完整的資訊，就稍為介紹六十干支組合的各別現象和意義，這樣對於後面的財運運勢判斷能更精準，筆者也把各別的干支組合做評分給數值，這樣能讓讀者更了解六十干支的旺弱現象，這些評分的數值是代表旺弱程度，並不是好壞或是其他的意義，旺弱程度如果可以從數值來判斷，則可以清楚知道程度和定位，能省去更多的時間。數值的給法是從零到一百，越旺的會給越高分，相對的越弱的就會越低分，大概在55到75左右會是屬於中間或適中，而基本上旺弱不代表好壞，只是一個現象，能更了解干支組合的旺弱程度，而此六十干支的數值並不只是代表日主旺弱，是代表所有六十干支組合的各別旺弱程度，且在此書裡的主要目的，是要讓讀者去判斷財運運勢，所以其實重要的是去帶入大運，先了解大運的干支組合的現象和旺弱，會更了解財運現象。

《甲類干支組合》

• 甲寅：農曆一月的甲木，氣候偏冷，甲木旺弱屬於中間，數值約55。

．甲辰：農曆三月的甲木，氣候舒適，甲木旺弱屬於偏旺，數值約75。

．甲午：農曆五月的甲木，氣候較熱，甲木旺弱屬於較旺，數值約95。

．甲申：農曆七月的甲木，氣候偏熱，甲木旺弱屬於中間偏旺，數值約70。

．甲戌：農曆九月的甲木，氣候偏冷，甲木旺弱屬於中間偏弱，數值約50。

．甲子：農曆十一月的甲木，氣候寒冷，甲木旺弱屬於較弱，數值約15。

《乙類干支組合》

．乙卯：農曆二月的乙木，氣候適中，乙木旺弱屬於中間，數值約60。

．乙巳：農曆四月的乙木，氣候稍熱，乙木旺弱屬於偏旺，數值約85。

．乙未：農曆六月的乙木，氣候較熱，乙木旺弱屬於較旺，數值約100。

．乙酉：農曆八月的乙木，氣候適中，乙木旺弱屬於中間偏弱，數值約50。

．乙亥：農曆十月的乙木，氣候溼冷，乙木旺弱屬於偏弱，數值約30。

．乙丑：農曆十二月的乙木，氣候過冷，乙木旺弱屬於較弱，數值約10。

《丙類干支組合》

- 丙寅：農曆一月的丙火，氣候偏冷，丙火旺弱屬於稍弱，數值約40。
- 丙辰：農曆三月的丙火，氣候舒適，丙火旺弱屬於舒適，數值約70。
- 丙午：農曆五月的丙火，氣候較熱，丙火旺弱屬於較旺，數值約95。
- 丙申：農曆七月的丙火，氣候偏熱，丙火旺弱屬於中間偏旺，數值約80。
- 丙戌：農曆九月的丙火，氣候偏冷，丙火旺弱屬於中間，數值約65。
- 丙子：農曆十一月的丙火，氣候寒冷，丙火旺弱屬於較弱，數值約25。

《丁類干支組合》

- 丁卯：農曆二月的丁火，氣候適中，丁火旺弱屬於稍弱，數值約45。
- 丁巳：農曆四月的丁火，氣候稍熱，丁火旺弱屬於偏旺，數值約85。
- 丁未：農曆六月的丁火，氣候較熱，丁火旺弱屬於較旺，數值約100。
- 丁酉：農曆八月的丁火，氣候適中，丁火旺弱屬於中間，數值約60。
- 丁亥：農曆十月的丁火，氣候溼冷，丁火旺弱屬於偏弱，數值約30。
- 丁丑：農曆十二月的丁火，氣候過冷，丁火旺弱屬於較弱，數值約15。

《戊類干支組合》

・戊寅：農曆一月的戊土，氣候偏冷，戊土旺弱屬於稍弱，數值約45。

・戊辰：農曆三月的戊土，氣候舒適，戊土旺弱屬於舒適，數值約70。

・戊午：農曆五月的戊土，氣候較熱，戊土旺弱屬於較旺，數值約95。

・戊申：農曆七月的戊土，氣候偏熱，戊土旺弱屬於偏旺，數值約85。

・戊戌：農曆九月的戊土，氣候稍冷，戊土旺弱屬於中間，數值約70。

・戊子：農曆十一月的戊土，氣候寒冷，戊土旺弱屬於較弱，數值約35。

《己類干支組合》

・己卯：農曆二月的己土，氣候適中，己土旺弱屬於中間，數值約50。

・己巳：農曆四月的己土，氣候稍熱，己土旺弱屬於偏旺，數值約90。

・己未：農曆六月的己土，氣候較熱，己土旺弱屬於較旺，數值約100。

・己酉：農曆八月的己土，氣候適中，己土旺弱屬於中間，數值約65。

・己亥：農曆十月的己土，氣候溼冷，己土旺弱屬於偏弱，數值約40。

・己丑：農曆十二月的己土，氣候過冷，己土旺弱屬於較弱，數值約20。

《庚類干支組合》

- 庚寅：農曆一月的庚金，氣候偏冷，庚金旺弱屬於稍弱，數值約35。
- 庚辰：農曆三月的庚金，氣候舒適，庚金旺弱屬於舒適，數值約45。
- 庚午：農曆五月的庚金，氣候較熱，庚金旺弱屬於較弱，數值約20。
- 庚申：農曆七月的庚金，氣候偏熱，庚金旺弱屬於較旺，數值約95。
- 庚戌：農曆九月的庚金，氣候稍冷，庚金旺弱屬於偏旺，數值約75。
- 庚子：農曆十一月的庚金，氣候寒冷，庚金旺弱屬於稍旺，數值約50。

《辛類干支組合》

- 辛卯：農曆二月的辛金，氣候適中，辛金旺弱屬於稍弱，數值約30。
- 辛巳：農曆四月的辛金，氣候稍熱，辛金旺弱屬於偏弱，數值約25。
- 辛未：農曆六月的辛金，氣候較熱，辛金旺弱屬於較弱，數值約15。
- 辛酉：農曆八月的辛金，氣候適中，辛金旺弱屬於較旺，數值約85。
- 辛亥：農曆十月的辛金，氣候溼冷，辛金旺弱屬於偏旺，數值約55。
- 辛丑：農曆十二月的辛金，氣候過冷，辛金旺弱屬於稍旺，數值約45。

《壬類干支組合》

• 壬寅：農曆一月的壬水，氣候偏冷，壬水旺弱屬於偏旺，數值約75。
• 壬辰：農曆三月的壬水，氣候舒適，壬水旺弱屬於舒適，數值約50。
• 壬午：農曆五月的壬水，氣候較熱，壬水旺弱屬於較弱，數值約10。
• 壬申：農曆七月的壬水，氣候偏熱，壬水旺弱屬於較旺，數值約85。
• 壬戌：農曆九月的壬水，氣候稍冷，壬水旺弱屬於較旺，數值約75。
• 壬子：農曆十一月的壬水，氣候寒冷，壬水旺弱屬於過旺，數值約95。

《癸類干支組合》

• 癸卯：農曆二月的癸水，氣候適中，癸水旺弱屬於中間，數值約55。
• 癸巳：農曆四月的癸水，氣候稍熱，癸水旺弱屬於偏弱，數值約20。
• 癸未：農曆六月的癸水，氣候較熱，癸水旺弱屬於較弱，數值約5。
• 癸酉：農曆八月的癸水，氣候適中，癸水旺弱屬於偏旺，數值約70。
• 癸亥：農曆十月的癸水，氣候溼冷，癸水旺弱屬於較旺，數值約85。
• 癸丑：農曆十二月的癸水，氣候過冷，癸水旺弱屬於過旺，數值約100。

甲寅	55	甲辰	75	甲午	95	甲申	70	甲戌	50	甲子	15
乙卯	60	乙巳	85	乙未	100	乙酉	50	乙亥	30	乙丑	10
丙寅	40	丙辰	70	丙午	95	丙申	80	丙戌	65	丙子	25
丁卯	45	丁巳	85	丁未	100	丁酉	60	丁亥	30	丁丑	15
戊寅	45	戊辰	70	戊午	95	戊申	85	戊戌	70	戊子	35
己卯	50	己巳	90	己未	100	己酉	65	己亥	40	己丑	20
庚寅	35	庚辰	45	庚午	20	庚申	95	庚戌	75	庚子	50
辛卯	30	辛巳	25	辛未	15	辛酉	85	辛亥	55	辛丑	45
壬寅	75	壬辰	50	壬午	10	壬申	85	壬戌	75	壬子	95
癸卯	55	癸巳	20	癸未	5	癸酉	70	癸亥	85	癸丑	100

附圖是六十干支組合旺弱程度的數值，所有干支的一個統整，在這裡要注意的是，金和水元素的旺弱現象和木火土不太一樣，木火土都屬於旺在春夏，而金水則是旺在秋冬，這是五行元素在四季中的不同基本特質。

一、日主確認

八字命盤是由三大部分組成，八字本命、大運和流年，日主是在八字本命裡的日柱，因為八字本命一共有四柱，年柱、月柱、日柱和時柱，也就是出生的年月日時，利用萬年曆轉換出的四組干支組合，而日柱（日主）就代表命盤當事人。

在此八字命盤範例裡，此人的日柱是甲寅，也就代表此人是甲日主的甲寅日，而她也會有甲日主的基本個性特質，但如果要去判斷她的財運運勢，那就要從其他搭配去討論，像是大運的走勢及流年影響…等。

基本上要判斷財運，還是要有一個八字命盤，才能去對照和了解，而現在要去排出八

時柱	日柱（日主）	月柱	年柱	年限 虛歲	八字本命
46歲之後	31至45歲	16至30歲	1至15歲		
戊 辰	甲 寅	庚 子	丙 申	四柱干支	

52歲至61歲	42歲至51歲	32歲至41歲	22歲至31歲	12歲至21歲	2歲至11歲	年限 虛歲	大運
甲 午	乙 未	丙 申	丁 酉	戊 戌	己 亥	干支	

30	29	28	27	26	25	24	23	22	21	20	19	18	17	16	15	14	13	12	11	10	9	8	7	6	5	4	3	2	1 +60	虛歲	流年
乙丑	甲子	癸亥	壬戌	辛酉	庚申	己未	戊午	丁巳	丙辰	乙卯	甲寅	癸丑	壬子	辛亥	庚戌	己酉	戊申	丁未	丙午	乙巳	甲辰	癸卯	壬寅	辛丑	庚子	己亥	戊戌	丁酉	丙申	干支	
60	59	58	57	56	55	54	53	52	51	50	49	48	47	46	45	44	43	42	41	40	39	38	37	36	35	34	33	32	31	虛歲	
乙未	甲午	癸巳	壬辰	辛卯	庚寅	己丑	戊子	丁亥	丙戌	乙酉	甲申	癸未	壬午	辛巳	庚辰	己卯	戊寅	丁丑	丙子	乙亥	甲戌	癸酉	壬申	辛未	庚午	己巳	戊辰	丁卯	丙寅	干支	

字命盤並不困難，像是在網路上利用免費排命盤的網站，去下載八字命盤，或是利用萬年曆來查閱手寫命盤，否則也可以使用排八字命盤的光碟，再不然可以購買筆者的前二本著作，《遇見未來——輕輕鬆鬆學八字》及《史上最準八字個性分析》，二書都有附上八字命盤光碟，都可以排出八字命盤。

而在這裡也簡單介紹一下，各天干日主的基本個性特質：

・甲日：屬「木」，心地善良、體貼，且富有同理心，仁善、誠摯，喜歡幫助別人。能顧到別人的感受，也不太會造成別人不必要的壓力，常常是肯付出又不求回報的類型。但若太過則容易變猜疑、對許多事物成見深，且會自以為是。

・乙日：屬「木」，個性溫暖樸實、善良，且敏感，觀察力相當好。是一個領悟力好、反應快的人，也很有小聰明，細心也貼心，很能注意到小地方。但若太過則容易想太多，對許多事物有不安全感及焦慮。人際關係也容易被影響。

．丙日：屬「火」，待人和善、有親和力，沉穩、仁善，而且很能承擔壓力，謙虛、有禮貌，熱心助人，甚至常會為了別人的事而奔波，重朋友、重感情，愛面子。但若太過則容易急躁易怒、三分鐘熱度，也會好大喜功。

．丁日：屬「火」，個性真誠、有禮，親切，能很快與人熟識，感覺舒服、自在。大方、有風度，平實、溫暖，幫人著想，是基本特質，從不會讓人覺得自以為是，也不會給人壓力，除非是工作上。但若太過則容易急躁、堅持己見。

．戊日：屬「土」，個性善良負責、誠信、穩重踏實，包容力強，也不失幽默，待人真誠、守信用，且領悟力高，喜歡幫助別人。在處事上雖有主見，執行力也不錯。但若太過則容易會太固執、不切實際且不知變通。

．己日：屬「土」，個性內斂大方，正直，有包容心，是個認真踏實型的人。對自己很有要求和規範，有不錯的眼光和實力，也很努力。但卻容易因過於堅持和嚴謹，加上會據理力爭，而讓別人感覺比較嚴肅及有壓力。

．庚日：屬「金」，個性有想法、獨立，觀察力好，很能承擔壓力，常常是跳躍式思考，說話比較直接，不過對朋友很講義氣，富正義感，熱心親切，能力很不錯。但若太過則容易逞強好勝、不知修飾，且容易犀利及無融通性。

‧辛日：屬「金」，心地好，氣質好，有一種屬於自己天生的優越感。善解人意，有正義感，對人也相當熱心、親切，不過不喜歡壓力，喜歡自由，容易有緊蹦、神經質的現象。但若太過則容易有情緒反彈，且無融通性。

‧壬日：屬「水」，個性溫和，聰明、睿智及擁有敏銳的觀察力和親和力，理解力強、急智多謀，但是卻也容易因朋友或人際，而影響到自己的財運和感情。若太過則容易偏執己見，不切實際，也容易會大起大落，及不知節制。

‧癸日：屬「水」，個性聰明、反應快，領悟力好，有主見有想法，且有遠見，是屬於智慧型的人，和善親切、急智多謀、積極；但若太過則容易偏執己見，太過有野心，也會顯得不切實際，好高騖遠。

二、判斷財運好壞原則

一般來說，財運運勢和大運的運勢現象有相當密切的關係，應該是說基本上如果大運運勢好，那財運運勢也會是理想的現象，畢竟能代表一個人運勢好的一個重要因素就是財運，而且一個成功的人，大都在事業或經濟方面會很不錯，又或者在個人成就上會相當有展現。判斷財運的好或壞，主要是在大運和流年對於本命的影響而定，尤其是日主於大運運勢裡的影響現象，所以在了解日主類別和屬性之後，就要來了解大運運勢現象，也就是八字命盤的第二大部分「大運」。

大運，每十年換一組天干地支，也就是每十年換一組大運，它也代表一個人一生的運勢起伏現象，人的一生也許會經歷過好幾個大運，六個七個八個或是十個…，這也是一輩子的運勢走勢現象，或許每個人的起運年齡不一定相同，但也都是每十年換一個大運運勢，像之前的命盤範例裡，她的大運起運就是從二歲開始，接下來每逢二尾就換一個大運，像12、22、32、42…。起運年在幾歲其實都沒關係，那只是八字命盤的一個規則，有的人會早點起運，有的人會晚一點起運，但那不是代表早起運就比較好，或晚起運就不好，並不是的，只是一個年限時間點，沒其他意義。

接下來財運好壞判斷的解說，會和大運運勢好壞一併做說明，應該會讓讀者更容易了解運勢走勢現象，不管是財運或大運運勢，判斷運勢的分類方式都是以日主天干做分類，因為從日主代入大運去看影響，是八字論命的基本規則。

首先舉例簡單說明運勢及財運的論法，以及基本步驟及概念：

上個命例是女命甲寅日屬甲日主，她的大運起運是二歲已亥運，然後十二歲開始換戊戌運，二十二歲是換丁酉運⋯，以此類推，所以此人的大運走勢，是從已亥開始走，戊戌、丁酉、丙申、乙未、甲午⋯，也就是從冬運走到秋運到夏運，在這裡要先看地支走勢，此人也是走逆運，而因為木日主的人喜歡走春夏運，所以此命盤的大方向是越來越好的運勢。因為大運走勢要自己和自己比較，現在的大運要和前一個大運來比較，若是現在比前一個運勢更好，那就代表是越來越理想的運勢，但如果現在的大運比前一個更糟，那就是不理想的運勢走勢⋯，但要記得，不同的命盤不宜互相比較大運，畢竟日主屬性如果不同，那大運好壞也無法比較，也沒有特別意義，除非命盤相似度相當高則另當別論。

此命盤大方向是漸入佳境的大運運勢，尤其是從丙申大運之後，個人感受會更明顯，而在前一章裡有介紹過大運，其中本命代表個人條件，大運代表人生經歷感受，即人生一

路走來的大方向和感受，像是從小到大的現象和歷程，和大方向的人生藍圖，不管是學業、工作事業、感情婚姻及健康子息…，各個方面的大方向現象，都是從大運運勢來判斷。此命例裡，是丙申年的庚子月出生，大運從己亥起運走逆運的女命，如果要判斷大運和財運，那一開始二歲起運的己亥運，因為是己土出天干且地支是十月的冬，所以大方向的大運並不理想，畢竟甲木喜歡春夏，較不喜歡秋冬，加上己土對甲日主來說是我剋的財出天干，基本上這樣的己土對甲日主來說條件並不好，所以在這裡我們可以說，此人從小的家運並不是太好，因為此人的二歲到十一歲還是小孩，這時候還是要歸納到家運。而十二歲開始換戊戌之後，基本現象還是土出天干的財出天干，對甲木來說，雖然從冬走進秋運，但畢竟戌是農曆九月，對甲木來說還是不理想的環境，不過因為大運是要自己往前比較，所以不管怎麼樣都已經比前一個己亥運好一些，但還是要論不好的財運運勢，只是比前一個大運穩定些，因為戊屬於陽土也是格局較大的土，對甲來說是較好的土。

其實如果要細談，因為此命盤的八字本命屬於比較弱的甲日主，年柱和月柱地支是秋和冬，加上自己甲寅又是一月的寅支，所以整個格局還是相當冷，當然對甲木來說並不容易生長和發揮，而且大運所出現的現象，前面二個大運都還是秋冬，對日主甲寅來說並沒有實質的幫助，當然大運不理想，又加上大運是土出天干，直接也代表財運不理想。接下來二十二歲換丁酉運，其實已經比前二個大運理想，雖然還是在秋天，但至少天干出丁火，已經不再是戊己土，所以明顯在財運方面已經好許多，雖不是忽然變成一百分的好運，但至少從二十分升高到五十五分，經濟狀況也慢慢穩定許多，再來三十二歲的丙申，是丙火出天干加上申月，即使還是在秋運，但已經相當靠近夏運了，而且丙火的格局也比丁火規模大，這樣的環境當然會讓日主甲木開始快速成長，也感受到自己有所發揮，在各方面也會順遂很多，而在財運方面，天干出丙火地支是申，對甲木來說是不錯的大運現象，相當能木生火，再火生土，也就是說用我自己的聰明才智去生財，除了有展現，還能在當中獲得不錯的錢財。

四十二歲開始的乙未大運，正式走進夏運，當然大方向還是代表好運勢，至於天干出現乙木，代表人際現象，也代表這十年的大運裡，人際將扮演很重要的一個部分，當流年不錯時人際就會是貴人，而當流年不理想時人際就會變成小人，這是這個大運的主要現象，當然財運現象也是會受到人際影響，在流年不理想時，人際就會變成是劫財或損失。不過這樣的大運現象，財運還是要論成好運勢，大概可以到八十分的財運。

上述是一個簡單的舉例說明，是大方向的運勢與財運的判斷方式，接下來就依各日主天干的屬性類別，來介紹財運運勢好壞的基本判斷原則：

‧木日主（甲乙日），喜歡向上生長，讓木自己長得好就會有所展現：

1、大運走勢大方向喜歡春夏，不喜歡秋冬，但如果較弱的己土出天干也不理想，像是己卯，會變成不好的財運現象；而乙對於逢秋運還算過得去，某些條件下的乙日主不忌秋運。

2、如果木日主本命較旺則不忌秋，但是不喜歡金出天干，像是庚申、庚戌、辛酉的金過旺會傷剋到木。

3、基本上，木日主逢到春夏運，大概百分之七十五以上都可以論為好運勢，財運也會相當理想，但過若本身本命已經較旺，又逢到缺水的運勢，那就吉中帶凶的運勢搭配，會明顯感覺到比較勞碌辛勞，雖有展現但會不得閒，且成功大都是靠自己努力而來，比較沒有白吃的午餐，像是逢到大運壬午、癸未、辛未…等等。

4、如果走春夏運，但逢到戊己出天干的大運，雖可以論為好運勢，財運看起來也相當好，不過因為夏土會比較燥熱，所以會變成為事業工作或錢財而忙碌不得閒，即使是事業不錯也有錢的現象，也多少會有為了賺錢而不得不忙碌的感受。

・火日主（丙丁日），雖不忌冬運，但不宜太偏弱，且也不喜歡整個太過燥熱：

1、在運勢上來看，雖然四季都不忌，但如果本命已經偏弱，則不喜再逢秋冬運，會更顯火弱不穩定，尤其是再逢金水出天干，財運則屬於不穩定不理想。

2、丙日主不喜歡太過旺的狀況，也就是本命已經偏旺，加上又逢火土旺的夏季，對財運來說會比較是忙而無所獲的財運現象，看起來好像好運，但其實不如預期，像是丙午、丁未、庚午、辛未…運。

3、如果在大運逢遇到金旺，像是庚申、庚戌、辛酉…，雖然財旺出天干，但不能論錢會很多，不過也會是不錯的財運運勢，但是在這樣的運勢中要特別注意到，如果在流年逢遇到甲木出天干，則要非常小心注意容易有較大狀況，尤其是財運相關的問題，而且大都是不理想的現象。

4、不管火日主本命搭配屬於旺或弱，基本上財運運勢要好的話，百分之八十以上都不喜歡逢遇到財出天干，除非是遇到冬金，像是庚子、辛亥、辛丑，就反而是非常好的財運運勢。

．土日主（戊己日），大方向來說喜歡春夏運，尤其是要育木；但如果土是要蓄水的土，那就不忌秋運，但還是要讓本命夠旺：

1、雖然土本身旺在四季，但財運運勢方面的好與壞，還是不喜歡逢冬運，因為過冷的環境會讓土變弱，不管是育木或蓄水的功能都會變差，對土來說，木育得好才會有所展現，蓄水功能好才會有好財運。

2、基本上，火土同源，火旺的夏天土也才會旺，但土太過旺則容易出現反效果，而且如果土走夏運，又逢到財出天干，那都論不理想的財運運勢，像是壬午、癸巳、癸未⋯，也許運勢看起來不錯，但財運卻不理想，這樣就是忙的徒勞無功，或是有名無利，甚至是不得不為了錢去工作的狀況。

3、土走春夏運，大方向是好財運運勢，只要不變成缺水的現象，也就是說不要有水在春夏運裡出天干，其他的搭配都會是好財運運勢。

4、如果土日主在大運天干出木，那就是育木的功能，而要育木的話則不喜歡逢秋冬運，因為秋冬對木來說並不是理想運勢；如果土日主在本命或大運裡，出現其他較旺的土，那就要注意在水出天干的流年，容易變成不理想的劫財財運，尤其是水較弱的流年。

・金日主（庚辛），大方向來說喜歡穩定的環境，不喜歡過冷或過熱的運勢：

1、這一個類別比較特別，因為它們基本上就已經是屬於不穩定的氣流，和其他五行元素相比，它並沒有一個固定的形狀，也因為氣流的特質本來就比較不穩定，所以大運環境對金的影響就更大，若是造成過旺的金，就不喜歡再逢遇到木出天干，因為直接會變成金剋木，把展現給剋傷。

2、金日主有分為旺金與弱金二個類型，秋冬的金屬於旺金，而春夏的金屬於弱金，較旺的氣流代表個性比較明顯，也比較會去爭取自我目標，能力也相當好，不過也容易太過隨性或不夠注意力就影響到別人，或是不小心就出現意外的狀況。較弱的氣流代表本身較低調，精明且氣質不錯，喜歡穩定的大運環境，像是癸卯、戊辰、辛卯…。

3、不管是旺金或是弱金，在大運中都不喜歡遇到較弱的木出天干，代表財運明顯不穩定，而且大都是不理想的現象，像是甲戌、甲子、乙丑…。

4、較弱的金不喜歡壓力，也就是不喜歡逢遇到較旺的火，因為火剋金，火會讓金更不穩定，不管是更旺或更弱都是一個大變化，而且太弱的金會是弊病，財運運勢也不會好，像是丙午、丁巳、丁未…。

・水日主（壬癸），基本上也是喜歡走春夏運，本身不喜歡過旺或過弱：

1、大方向水日主比較理想的狀況是偏弱，因為太過旺的水容易無法控制，不管是氾濫成災或是影響到土或火，所以比較理想的財運運勢是走春夏運。

2、一般來說，水若過旺容易出現無法控制的狀況，所以水旺最好是能逢遇到旺的戊土，才能直接讓土擋水蓄水，也有所規範，像是戊午、戊申、戊戌⋯，但如果是出現不旺的土，則反而變成忌神，反而水沖垮土，像己亥⋯之類，財運運勢則會不理想。

3、較旺的水日主搭配，基本上不宜出現財出天干的大運組合，不管是財旺或財弱都是，當然遇到財弱出天干就是不理想，尤其是忽然的流年火弱，財運會明顯出現不好狀況，而當遇到財旺出天干，雖然會好一些但還是屬於不穩定的財運狀況。

4、較弱的水日主搭配，其實不忌財出天干，但如果逢遇到冬火，像是丙子、丁亥、丁丑⋯，還是要論為不理想的財運，不過和日主較旺的水不同的是，較弱的水不排斥遇到旺的財出天干，像是丙午、丁未⋯，只不過會比較忙碌不得閒，但是財運是不錯的。

第三章

大運與流年的財運

八字論命的規則是用日主來代表一個人，不管是個人個性特質或對於運勢的感受，代入大運就能判斷出各方面的運勢狀況，再代入流年就能看出每一年的運勢現象。且流年所出現的事件或現象，會讓當事人最有感受，也會影響最大，尤其是工作財運或感情婚姻方面，所以假設可以在問題出現之前，就都能知道之後的財運現象，那就可以針對每一年的狀況做些改變或避免，也許對個人來說是最理想的處理。而且最重要的是其實不管是六十甲子的哪一日，都沒有絕對的好運或壞運，最重要的是在大運流年加入之後，所產生的環境和現象，會不會出現讓「日主」出現財變動，如果使得整個效果更好的話，那就是好財運運勢；反之，如果大運和流年帶入之後，反而出現不理想的財變動，那就是屬於不理想的財運運勢。

還要注意到，每一個大運都有它的年限，每個大運影響十年，每十年就要換一個大運，走過去的大運就讓它過去，不用再去判斷它，只要用來和之後一個大運比較就可以，所以年紀越大所換的大運就會越多個，也所以會發現一件事，當大運變換越多個，其實就明顯會有好壞和高低起伏，並沒有哪個命盤比盤可以永遠走好運，會走到好運勢也會再逢到壞運勢，且當流年一起來影響運勢，起伏現象就會更明顯，也許財運好壞還是有程度上的不同，但個人的際遇和個人選擇，都還是會不一樣，所以八字大運的判斷也只能是一個

大方向，一個準確的大方向。若再加入流年運勢，那就能更明確知道每一年財運現象，但也要注意到，在加入流年考量的時候，也要正確對照年限，才不會有錯誤。

一般來說，要注意財運好壞的時間點，大都會是在出社會之後，可能會從第二個或第三個大運開始，一直到退休左右，大概是第五個或第六個大運，因為第一個大運剛起運是小的時候，財運都是屬於家運的部分，不是自己單獨的財運運勢，而過第六個大運之後應該都六、七十歲了，工作財運也許就該是穩定就好，不宜再太忙碌…，當然這些只是建議，這些規劃都還是要看自己決定。

各日主財運詳細解說與範例

八字判斷財運的方式有它基本規則，但其實每個日主在判斷財運上，還是有些不同，各類別日主的特質和現象，基本上也要做不同的判斷思考，才能真正精準的了解運勢現象好壞，先前已經介紹了許多關於各日主天干，不管是五行生剋現象，或是個性特質與運勢基本判斷喜忌現象，還有天干地支及正財與偏財的意義。接下來就要做各別日主更深入的解說，讓讀者能依各別命盤去對照及推測財運現象，而在每個大運類別的解說之後，也會提供每個流年的財運分數，讓讀者能更容易去了解財運運勢的好壞。在此是利用數字量化的方式來呈現流年財運，也就是六十干支組合的流年財運給分，當某日主走到同類別的大運時，所逢遇到的流年組合，所會產生的財運好壞現象，用分數來表現。分數的判斷方式是從0到100分，以50分為基本好壞標準，越高分就代表財運越理想，而越低分則代表財運越不理想越不穩定，而如果是落在50分左右的分數，則代表財運屬於普通。最後，再利用範例解說，來舉例說明每個屬性日主的財運分析，才能更了解財運判斷的實際步驟。

1、甲日主（甲寅、甲辰、甲午、甲申、甲戌、甲子）：

《財運詳細解說》：

甲日主一共有六個，也許因為地支的不同會影響到本命的旺弱，但基本上影響比較大的部分，會是在個人個性特質上及其他方面的差異，而在財運的分析方面其實影響並不大，尤其是在大方向的現象更不會有影響，最多只會是程度上的差別，所以在這裡要一起做解說。

當甲日主在大運逢到春夏運，大概有百分之七十以上，都是屬於中間以上的財運運勢，但在這百分之七十裡，還是要看單一的流年運勢影響，因為即使在好的十年大運裡，都還會有二到四個流年是不太理想的影響，只不過好的大運會讓不理想的流年變得較不明顯，但不代表不會有財運變動：

•當甲日主大運逢到春夏運，且天干出甲乙木，那就是甲寅、乙卯，甲辰、乙巳，甲午、乙未，代表大運走人際現象，對於財運來說還算不錯，但如果流年天干出現財戊己，尤其是正財己，特別是弱的戊己，像是己亥、己卯、己丑或戊子，那明顯是不理想的流年財運運勢，甚至有的人會把好不容易累積的成果都失去，更或是變成負債，而且大都是因為人際的影響；如果流年逢到庚辛金出天干，則會感覺有壓力，可能來自工作財運或感情婚姻，但適合變動工作。除了這些之外的其他流年組合，都屬於不錯的流年財運運勢。以下是六十干支流年組合的財運分數，提供為流年財運的參考：

〈甲寅50〉〈乙卯45〉〈丙辰75〉〈丁巳65〉〈戊午40〉〈己未35〉〈庚申30〉

〈辛酉45〉〈壬戌65〉〈癸亥60〉〈甲子55〉〈乙丑50〉〈丙寅70〉〈丁卯75〉

〈戊辰45〉〈己巳40〉〈庚午65〉〈辛未75〉〈壬申90〉〈癸酉95〉〈甲戌50〉

〈乙亥45〉〈丙子50〉〈丁丑55〉〈戊寅35〉〈己卯20〉〈庚辰55〉〈辛巳65〉

〈壬午75〉〈癸未70〉〈甲申55〉〈乙酉50〉〈丙戌60〉〈丁亥55〉〈戊子10〉〈己丑5〉〈庚寅60〉〈辛卯70〉〈壬辰85〉〈癸巳90〉〈甲午70〉〈乙未75〉〈丙申80〉〈丁酉75〉〈戊戌15〉〈己亥5〉〈庚子35〉〈辛丑40〉〈壬寅80〉〈癸卯75〉〈甲辰60〉〈乙巳55〉〈丙午65〉〈丁未70〉〈戊申45〉〈己酉25〉〈庚戌40〉〈辛亥45〉〈壬子60〉〈癸丑55〉。

• 而甲日主走春夏運丙丁火出天干，丙寅、丁卯、丙辰、丁巳、丙午、丁未，財運大方向會是食傷生財現象，就是用聰明才智去賺錢的類型，但若流年出現戊己財出天干，那也要注意到工作財運方面的變動，尤其是較弱的土，像是戊子、己丑、己亥、己卯，因為很可能會出現損失，不過如果是換工作或搬家就很適合。而如果在這樣的大運裡，流年出現旺的金，像是庚申、辛酉、庚戌、辛亥、庚子和辛丑，則在財運方面要注意會有壓力出現，甚至可是出現較不預期的意外狀況，所以其實也可以選擇變動工作。而除了這些之外其他組合的流年，都屬於不錯的流年財運。以下是六十干支流年組合的財運分數，提供為流年財運的參考：〈甲寅60〉〈乙卯65〉〈丙辰85〉〈丁巳75〉〈戊午55〉〈己未50〉〈庚申35〉〈辛酉45〉〈壬戌50〉〈癸亥55〉

〈甲子55〉〈乙丑50〉〈丙寅80〉〈丁卯85〉〈戊辰60〉〈己巳45〉〈庚午55〉
〈辛未60〉〈壬申90〉〈癸酉85〉〈甲戌70〉〈乙亥60〉〈丙子65〉〈丁丑60〉
〈戊寅55〉〈己卯40〉〈庚辰55〉〈辛巳60〉〈壬午70〉〈癸未65〉〈甲申75〉
〈乙酉65〉〈丙戌75〉〈丁亥65〉〈戊子40〉〈己丑30〉〈庚寅65〉〈辛卯70〉
〈壬辰80〉〈癸巳75〉〈甲午80〉〈乙未75〉〈丙申80〉〈丁酉65〉〈戊戌50〉
〈己亥35〉〈庚子40〉〈辛丑45〉〈壬寅70〉〈癸卯75〉〈甲辰70〉〈乙巳60〉
〈丙午70〉〈丁未80〉〈戊申60〉〈己酉40〉〈庚戌35〉〈辛亥45〉〈壬子40〉
〈癸丑45〉。

• 當甲日主大運走的是春夏運，而且是戊己財出天干，戊寅、己卯、戊辰、己巳、戊午、己未，代表走工作財運屬於不穩定的現象，而不穩定不一定代表財運不好，其實是代表錢來錢去的現象，財出天干的大運類型往往都是在錢進錢出當中，去獲取利益，其實相當適合從事業務、自由業，或是老闆…等等財不穩定型的工作類型，但若逢遇到甲乙木出天干的流年，那就會變成劫財的壞財運，也是因為人際的影響；而如果又逢到還是戊己財出天干的流年，對甲日主來說財運方面也會有變動現象，所以在投資方面就要小心注意。而除了上述之外的流年組合，都屬於不錯的流年財運運勢。以下是六十干支流年組合的財運分數，提供為流年財運的參考：

〈甲寅35〉〈乙卯40〉〈丙辰65〉〈丁巳70〉〈戊午50〉〈己未40〉〈庚申50〉
〈辛酉55〉〈壬戌60〉〈癸亥55〉〈甲子45〉〈乙丑40〉〈丙寅60〉〈丁卯65〉
〈戊辰50〉〈己巳45〉〈庚午70〉〈辛未75〉〈壬申85〉〈癸酉90〉〈甲戌35〉
〈乙亥30〉〈丙子55〉〈丁丑50〉〈戊寅40〉〈己卯25〉〈庚辰55〉〈辛巳60〉
〈壬午65〉〈癸未60〉〈甲申45〉〈乙酉50〉〈丙戌60〉〈丁亥55〉〈戊子25〉
〈己丑10〉〈庚寅50〉〈辛卯60〉〈壬辰80〉〈癸巳85〉〈甲午30〉〈乙未40〉
〈丙申75〉〈丁酉65〉〈戊戌35〉〈己亥15〉〈庚子40〉〈辛丑50〉〈壬寅70〉
〈癸卯80〉〈甲辰40〉〈乙巳45〉〈丙午70〉〈丁未75〉〈戊申55〉〈己酉30〉
〈庚戌45〉〈辛亥50〉〈壬子55〉〈癸丑60〉。

‧甲日主如果在春夏運逢到金出天干的大運，就是庚寅、辛卯、庚辰、辛巳、庚午、辛未，財運方面也是還不錯，但因為是官殺出天干，所以會感覺比較有壓力，也會比較忙碌煩躁些，但要注意的是如果流年天干出現了較旺的金，那在工作財運方面

就會不理想，甚至是一些較預期之外的狀況，像庚申、辛酉、庚戌、辛亥、庚子、辛丑，還有如果在流年出現財出天干，則也要注意財運方面的變動，甚至是損失，尤其是弱的土。而除了這些之外的其他組合流年，都屬於不錯的流年財運。以下是六十干支流年組合的財運分數，提供為流年財運的參考：〈甲寅65〉〈乙卯60〉〈丙辰75〉〈丁巳70〉〈戊午55〉〈己未45〉〈庚申30〉〈辛酉40〉〈壬戌65〉〈癸亥60〉〈甲子50〉〈乙丑40〉〈丙寅65〉〈丁卯70〉〈戊辰55〉〈己巳50〉〈庚午55〉〈辛未65〉〈壬申85〉〈癸酉90〉〈甲戌55〉〈乙亥45〉〈丙子55〉〈丁丑60〉〈戊寅50〉〈己卯35〉〈庚辰50〉〈辛巳60〉〈壬午80〉〈癸未75〉〈甲申65〉〈乙酉55〉〈丙戌60〉〈丁亥50〉〈戊子35〉〈己丑25〉〈庚寅45〉〈辛卯55〉〈壬辰75〉〈癸巳80〉〈甲午65〉〈乙未60〉〈丙申70〉〈丁酉60〉〈戊戌50〉〈己亥40〉〈庚子35〉〈辛丑45〉〈壬寅70〉〈癸卯75〉〈甲辰70〉〈乙巳60〉〈丙午65〉〈丁未70〉〈戊申60〉〈己酉45〉〈庚戌40〉〈辛亥50〉〈壬子55〉〈癸丑60〉。

• 甲日主在春夏大運天干出壬癸水，就是壬寅、癸卯、壬辰、癸巳、壬午、癸未，其實是相當不錯的運勢現象，特別是夏運水出天干，相當的有貴人運，即使是忙碌但會有展現和成就感，不過如果在流年出現較弱的土，像是戊戌、己酉、己亥、戊子和己丑，那就還是要注意要財運方面的不穩定，但很適合變動工作。而如果在這樣的大運裡，流年出現旺的金，像是庚申、辛酉、庚戌、辛亥、庚子和辛丑，則在財運方面要注意會有壓力出現，其實也很適合變動工作。除了這些之外的其他組合流年，都屬於不錯的流年財運，可以把握。以下是六十干支流年組合的財運分數，提供為流年財運的參考：〈甲寅65〉〈乙卯70〉〈丙辰65〉〈丁巳70〉〈戊午55〉〈己未60〉〈庚申40〉〈辛酉50〉〈壬戌70〉〈癸亥65〉〈甲子50〉〈乙丑45〉〈丙寅65〉〈丁卯70〉〈戊辰65〉〈己巳55〉〈庚午70〉〈辛未75〉〈壬申90〉〈癸酉95〉〈甲戌60〉〈乙亥65〉〈丙子55〉〈丁丑50〉〈戊寅60〉〈己卯45〉〈庚辰60〉〈辛巳65〉〈壬午85〉〈癸未90〉〈甲申65〉〈乙酉55〉〈丙戌60〉〈丁亥55〉〈戊子45〉〈己丑35〉〈庚寅65〉〈辛卯70〉〈壬辰80〉〈癸巳85〉〈甲午70〉〈乙未75〉〈丙申65〉〈丁酉60〉〈戊戌50〉〈己亥40〉〈庚子45〉〈辛丑50〉〈壬寅75〉〈癸卯80〉〈甲辰75〉〈乙巳70〉〈丙午60〉〈丁未65〉〈戊申60〉〈己酉45〉〈庚戌50〉〈辛亥55〉〈壬子65〉〈癸丑60〉。

•當甲日主走秋冬運，雖然是屬於不太理想的財運運勢，不過還是要看個人的工作職業選擇，還有投資理財的規劃，當然盡量是較保守的方向會比較好。但是其實如果大運出現的是甲乙木出天干，就是甲申、乙酉、甲戌、乙亥、甲子、乙丑，其實是在秋冬運裡屬於還不錯的運勢，雖然大方向沒有春夏運好，但是也還算理想，畢竟逢到秋冬的人際出天干，除了比較沒有弊病，甲日主自己也都會比人際還來的優秀，但還是要注意流年所帶來的影響，因為秋冬運流年的影響會比春夏運的流年影響大，如果在流年出現旺金，庚申、辛酉、庚戌、辛亥、庚子和辛丑，則在財運方面要注意會有壓力出現，但也很適合變動工作，如果流年出現弱火，丙戌、丁亥、丙子、丁丑，則要注意不動產方面的問題，而如果流年是出現弱土，則要小心工作財運的不穩定或損失，而以上的流年出現也都適合變動工作。以下是六十干支流年組合的財運分數，提供為流年財運的參考：〈甲寅45〉
〈乙卯50〉〈丙辰65〉〈丁巳70〉〈戊午45〉〈己未35〉〈庚申20〉〈辛酉30〉
〈壬戌50〉〈癸亥50〉〈甲子40〉〈乙丑35〉〈丙寅55〉〈丁卯60〉〈戊辰50〉
〈己巳40〉〈庚午45〉〈辛未55〉〈壬申60〉〈癸酉65〉〈甲戌50〉〈乙亥45〉
〈丙子50〉〈丁丑40〉〈戊寅35〉〈己卯30〉〈庚辰40〉〈辛巳50〉〈壬午85〉

〈癸未90〉〈甲申55〉〈乙酉50〉〈丙戌55〉〈丁亥45〉〈戊子20〉〈己丑10〉〈庚寅30〉〈辛卯45〉〈壬辰70〉〈癸巳75〉〈甲午60〉〈乙未55〉〈丙申65〉〈丁酉55〉〈戊戌30〉〈己亥20〉〈庚子10〉〈辛丑15〉〈壬寅55〉〈癸卯60〉〈甲辰50〉〈乙巳55〉〈丙午70〉〈丁未80〉〈戊申55〉〈己酉35〉〈庚戌25〉〈辛亥35〉〈壬子45〉〈癸丑40〉。

• 當甲日主走秋冬運，大運出現的是天干丙丁的火運，當中的丙申、丁酉、丙戌，還算是普通的財運運勢，可以是穩定型的成長，但如果是丁亥、丙子和丁丑，就會是不太理想的財運運勢，會建議理財規劃方面不宜有太多現金，也不宜做投機性投資，而秋冬且火出天干的大運，如果再逢弱土出天干的流年，戊子、己丑、己亥、己卯，則要小心工作財運的不穩定變動，如果是逢到旺的火出天干，像是丙午、丁巳及丙申和丁未，則房地產方面容易有變動，而流年如果是逢到旺金出天干，庚申、辛酉、庚戌、辛亥、庚子和辛丑，則要小心較意外的變動，甚至是自己做錯決定而產生的財不理想，而如果是出現水旺的流年，壬戌、癸亥及壬子、癸丑，則要小心因為小人所帶來的財運影響，或是因房地產及健康方面影響的財運變動。以下是六十干支流年組合的財運分數，提供為流年財運的參考：

〈甲寅50〉〈乙卯55〉〈丙辰80〉〈丁巳85〉〈戊午55〉〈己未45〉〈庚申30〉
〈辛酉40〉〈壬戌45〉〈癸亥40〉〈甲子45〉〈乙丑35〉〈丙寅60〉〈丁卯65〉
〈戊辰50〉〈己巳45〉〈庚午60〉〈辛未55〉〈壬申65〉〈癸酉75〉〈甲戌50〉
〈乙亥40〉〈丙子50〉〈丁丑45〉〈戊寅40〉〈己卯35〉〈庚辰55〉〈辛巳60〉
〈壬午75〉〈癸未80〉〈甲申60〉〈乙酉50〉〈丙戌55〉〈丁亥50〉〈戊子40〉
〈己丑20〉〈庚寅50〉〈辛卯55〉〈壬辰60〉〈癸巳65〉〈甲午70〉〈乙未80〉
〈丙申70〉〈丁酉60〉〈戊戌45〉〈己亥30〉〈庚子15〉〈辛丑25〉〈壬寅50〉
〈癸卯55〉〈甲辰60〉〈乙巳50〉〈丙午85〉〈丁未80〉〈戊申60〉〈己酉40〉
〈庚戌25〉〈辛亥20〉〈壬子30〉〈癸丑25〉。

• 當甲日主走秋冬運，大運是戊己財出天干的話，要注意到一個現象，那就是走正財己出天干的財運會比較不理想，而戊出天干的偏財大運則財運會比較穩定，雖然秋冬的戊己大運對甲日主來說都不是理想的運勢，戊申、戊戌、戊子會是屬於不理想但穩定的財運現象，但己酉、己亥和己丑卻是不理想的財運運勢，真的是要盡量保守。如果戊己出天干的大運，又再逢到甲乙木出天干的流年，則要很小心劫財現象，非常可能會出現負債或意外狀況，尤其是旺的甲木，像是甲午、甲申、甲辰；而如果是出現丙丁火出天干的流年，那財運都還算穩定，但要注意健康方面的問題，尤其是較弱的火，像是丙子、丁丑、丙戌、丁亥；而如果流年出現戊己出天干，則工作財運容易不穩定，不過很適合變動工作，尤其是逢到旺的土，像是戊午、己未、己巳、戊申……，而當流年出現旺金，像是庚申、辛酉、庚戌、辛亥、庚子，就要注意到因為壓力或是健康引起的財運問題；最後，如果流年出現水旺的流年，像是壬戌、癸亥、壬子和癸丑，則財運現象屬於普通，而如果是水弱的流年，流年的財運運勢就屬於不錯。以下是六十干支流年組合的財運分數，提供為流年財運的參考：〈甲寅35〉〈乙卯45〉〈丙辰60〉〈丁巳65〉〈戊午45〉〈己未50〉

〈庚申40〉〈辛酉45〉〈壬戌55〉〈癸亥60〉〈甲子45〉〈乙丑50〉〈丙寅55〉

〈丁卯60〉〈戊辰45〉〈己巳40〉〈庚午60〉〈辛未70〉〈壬申55〉〈癸酉70〉

〈甲戌25〉〈乙亥30〉〈丙子50〉〈丁丑45〉〈戊寅35〉〈己卯20〉〈庚辰50〉

〈辛巳55〉〈壬午70〉〈癸未65〉〈甲申30〉〈乙酉25〉〈丙戌55〉〈丁亥50〉

〈戊子20〉〈己丑10〉〈庚寅55〉〈辛卯65〉〈壬辰75〉〈癸巳80〉〈甲午15〉

〈乙未25〉〈丙申60〉〈丁酉55〉〈戊戌30〉〈己亥15〉〈庚子20〉〈辛丑25〉〈壬寅50〉〈癸卯60〉〈甲辰40〉〈乙巳45〉〈丙午75〉〈丁未80〉〈戊申50〉〈己酉40〉〈庚戌30〉〈辛亥35〉〈壬子40〉〈癸丑50〉。

• 當甲日主走秋冬運，大運出現的是庚辛金出天干，也就是庚申、辛酉、庚戌、辛亥、庚子、辛丑，很明顯的是金剋木的現象，而大運逢到金剋木，表示會感覺到相當大的壓力，不管是來自家庭、工作財運、感情婚姻或健康，甲日主會有一種壓迫或無奈的感受，好像需要因為某些原因而辛苦，而財運方面也是相同的現象，會因為某些壓力或無奈而辛苦，而且財運大方向並不理想，即使看起來財運不錯，但實際上也是很有壓力。如果流年天干出現甲乙木，則要注意人際方面的狀況影響到財運；如果流年出現火旺的丁巳、丙午、丁未、丙申，則要注意自作聰明反而出現的財運不穩定；如果流年出現弱的土出天干，像是己卯、戊寅、己酉、戊戌、己亥、戊子和己丑，除了要注意到工作財運方面的不穩定之外，還要注意到較意外的狀況，而出現旺的土出天干則還好；如果流年還是出現金出天干，尤其是金較旺的流年，就屬於不理想的財運運勢，壓力方面都會更明顯，建議各方面要多保守；如果流年出現水出天干，其實還算普通，不過適合遷移或調動，尤其是旺的水流年。以下是六十干支流年組合的財運分數，提供為流年財運的參考：〈甲寅50〉〈乙卯55〉
〈丙辰70〉〈丁巳75〉〈戊午60〉〈己未50〉〈庚申25〉〈辛酉35〉〈壬戌60〉
〈癸亥55〉〈甲子40〉〈乙丑45〉〈丙寅55〉〈丁卯60〉〈戊辰55〉〈己巳40〉
〈庚午50〉〈辛未60〉〈壬申70〉〈癸酉75〉〈甲戌45〉〈乙亥50〉〈丙子45〉
〈丁丑40〉〈戊寅45〉〈己卯30〉〈庚辰40〉〈辛巳50〉〈壬午75〉〈癸未80〉
〈甲申50〉〈乙酉45〉〈丙戌55〉〈丁亥60〉〈戊子35〉〈己丑25〉〈庚寅60〉
〈辛卯65〉〈壬辰70〉〈癸巳75〉〈甲午40〉〈乙未50〉〈丙申60〉〈丁酉65〉
〈戊戌45〉〈己亥30〉〈庚子25〉〈辛丑30〉〈壬寅55〉〈癸卯65〉〈甲辰45〉
〈乙巳55〉〈丙午65〉〈丁未70〉〈戊申55〉〈己酉45〉〈庚戌35〉〈辛亥40〉
〈壬子50〉〈癸丑55〉。

• 當甲日主走秋冬運，大運出現壬癸水出天干，即壬申、癸酉、壬戌、癸亥、壬子、癸丑，大方向屬於普通的運勢現象，但因為水較多，所以比較適合去遠方發展，尤其是冬運水出天干，而在這個部分其實走壬申、癸酉二個運勢，基本上是屬於活水

的大運，所以對甲木來說是相當的不錯，也可以解釋成不錯的財運運勢。如果流年天干出甲乙木，則屬於普通運勢；如果流年出現弱的火，像是丁酉、丙戌、丁亥、丙子和丁丑，則要注意會出現因房地產或健康所影響的財運變動，但若是旺火的流年則還好，可以考慮買賣不動產；如果流年出現弱的土，尤其是弱的己土，則流年財運運勢會是不理想的現象，要小心注意入不敷出或負債問題，而旺土的流年就比較沒問題；如果流年出現庚辛金流年，則屬於普通的財運運勢，可以選擇變動工作；而如果流年又出現旺的水，壬申、癸酉、壬戌、癸亥、壬子、癸丑，則要注意會有流動現象，可能是遷移或工作財運不穩定，但弱水的流年則屬於還不錯。以下是六十干支流年組合的財運分數，提供為流年財運的參考：〈甲寅55〉〈乙卯45〉

〈丙辰55〉〈丁巳60〉〈戊午65〉〈己未60〉〈庚申40〉〈辛酉50〉〈壬戌45〉

〈癸亥50〉〈甲子45〉〈乙丑35〉〈丙寅45〉〈丁卯35〉〈戊辰55〉〈己巳60〉

〈庚午50〉〈辛未55〉〈壬申60〉〈癸酉70〉〈甲戌55〉〈乙亥40〉〈丙子40〉

〈丁丑30〉〈戊寅40〉〈己卯30〉〈庚辰50〉〈辛巳60〉〈壬午80〉〈癸未85〉

〈甲申65〉〈乙酉45〉〈丙戌50〉〈丁亥35〉〈戊子30〉〈己丑20〉〈庚寅50〉

〈辛卯55〉〈壬辰60〉〈癸巳65〉〈甲午70〉〈乙未75〉〈丙申45〉〈丁酉40〉

〈戊戌50〉〈己亥35〉〈庚子45〉〈辛丑40〉〈壬寅50〉〈癸卯60〉〈甲辰65〉〈乙巳70〉〈丙午60〉〈丁未65〉〈戊申60〉〈己酉40〉〈庚戌45〉〈辛亥40〉〈壬子35〉〈癸丑40〉。

《甲日主範例與詳細解說》：

此範例為女命甲日主的甲辰日，生於癸丑年的甲子月，如果要從八字本命來看此人個性，相當有甲日主的個性特質，且因為年柱和月柱地支子丑都是冬，所以此人本命是屬於比較弱的類型，在個性方面雖有甲日主的特質，但也代表從小會比較害羞內向些。而在財運方面，此人的大運是一歲起運走乙丑木運，是乙木出天干的冬運，代表從小家庭的家運財運不是太理想；而十一歲開始換丙寅運，是丙火出天干的春運，整體運勢明顯變好，應該說和前一個乙丑運來比較，雖然丙寅是春天的火偏弱，但是甲木走春運基本上是屬於好運勢，而且天干出丙對甲木來說還算不錯，雖然不是最好的運勢，雖然不是從二十分變成一百分，但至少是從二十分變成六十分。

接下來二十一歲換丁卯運，整體來說也是屬於好運勢，丁卯比起丙寅來說氣溫更高些，也代表比前一個運勢更理想些，而且如果此人是在這個大運裡開始出社會工作，那從

八字本命	年柱	月柱	日柱（日主）	時柱
虛歲年限	1至15歲	16至30歲	31至45歲	46歲之後
四柱干支	癸丑	甲子	甲辰	乙亥

大運						
虛歲年限	1歲至10歲	11歲至20歲	21歲至30歲	31歲至40歲	41歲至50歲	51歲至60歲
干支	乙丑	丙寅	丁卯	戊辰	己巳	庚午

流年																														
虛歲	1 +60	2	3	4	5	6	7	8	9	10	11	12	13	14	15	16	17	18	19	20	21	22	23	24	25	26	27	28	29	30
干支	癸丑	甲寅	乙卯	丙辰	丁巳	戊午	己未	庚申	辛酉	壬戌	癸亥	甲子	乙丑	丙寅	丁卯	戊辰	己巳	庚午	辛未	壬申	癸酉	甲戌	乙亥	丙子	丁丑	戊寅	己卯	庚辰	辛巳	壬午
虛歲	31	32	33	34	35	36	37	38	39	40	41	42	43	44	45	46	47	48	49	50	51	52	53	54	55	56	57	58	59	60
干支	癸未	甲申	乙酉	丙戌	丁亥	戊子	己丑	庚寅	辛卯	壬辰	癸巳	甲午	乙未	丙申	丁酉	戊戌	己亥	庚子	辛丑	壬寅	癸卯	甲辰	乙巳	丙午	丁未	戊申	己酉	庚戌	辛亥	壬子

這個大運開始的財運現象就更重要。在丁卯大運裡，基本上財運屬於普通到還不錯，大方向的現象屬於食傷生財，也就是木生火，而火生土，用我的聰明才智去賺錢，這也許沒一定是哪個行業，但都是用自己的聰明和能力去賺錢，是可以積少成多的類型，而在當中的幾個流年，在二十六歲的戊寅年及二十七歲的己卯年，因為逢到財出天干，所以明顯出現變動工作的狀況，因此人所做的選擇是投資創業，所以錢財和工作的變動頗大，而接下來的庚辰、辛巳流年是春夏的金，對甲日主來說雖然感覺比較有壓力，但財運方面還算不錯。

三十一歲換的戊辰大運，出現了戊土的財出天干，也所以明顯在工作財運及投資方面有變動，因為是財出天干的大運，就會是屬於財不穩定，且財來財去的現象，所以工作投資的選擇就很適合是不穩定的類型，而也因為戊辰運是春運，大方向並不會不理想，所以可以說是財不穩定的不錯財運運勢，可以從財進財出當中有獲利。在戊辰大運裡的流年，三十一歲的癸未年是夏天的水出天干，對甲日主來說是不錯的流年，也出現不錯的投資機會；但三十二歲的甲申和三十三歲的乙酉流年，出現代表人際的木出天干而且還是秋木，也剛好是在財出天干的戊辰大運裡，所以明顯會有不理想的劫財出現，會是因為人際而出現財運方面的不理想，也所以此人出現了與人借貸的問題和損失；三十四歲的丙戌和三十五歲的丁亥流年，因為出現秋冬的火出天干，所以有機會在房地產上有變動，但是因為秋冬的火其實並不是太理想，所以也很有可能會因為買賣房地產，而出現財運的不理想或損失；而三十六歲的戊子和三十七歲的己丑流年，出現了弱的戊己土出天干，也就是不理想的財出天干現象，加上大運戊辰也是財出天干，這樣的現象會更明顯，要很小心在工作財運上的狀況及不理想，尤其是在投資方面，更容易出現劫財及負債；三十八歲的庚寅及三十九歲的辛卯，春天的金出天干，流年還算理想，至少和前面幾個流年比較起來是穩定許多。

四十一歲換己巳大運，開始走進夏運，對甲日主來說還是好運勢，但因為天干出己是正財出天干，所以運勢現象還是財不穩定，且因夏運會讓甲日主更忙碌，代表工作財運類型還是屬於財來財去，繼續從中獲取利潤，只是因為己巳和戊辰有格局和特質的差異，所以在己巳大運中的工作財運現象，也會有些調整和轉型。四十一歲的癸巳流年，出現夏天的水出天干，雖然水相當弱代表忙碌，但也代表雖忙碌但財運還不錯；四十二歲的甲午和四十三歲的乙未流年，出現了相當旺的木，但在己巳大運裡出現旺的木出天干流年，明顯會有劫財現象，所以要注意因人際所影響的財運變動，容易是錢財方面的問題或損失；而接下來的丙申和丁酉流年，屬於不錯的財運運勢，尤其是在房地產方面；四十八歲的庚子和四十九歲的辛丑流年，因為出現了旺的冬金出天干，且又是己巳較薄的土的大運，所以整體運勢金剋木，流年運勢並不理想，財運運勢也容易出現不穩定，所以各方面都要多注意和保守。

五十一歲換庚午大運，夏天的金出天干，雖然是金剋木的剋我出天干，但還是在夏運裡，所以大方向還是屬於好運勢，只是因為越來越熱的大運，所以對甲日主來說會更忙碌不得閒，財運方面已經不是不穩定的戊己財出天干，所以財運方面屬於理想，但要注意金剋木的健康問題。在五十七歲的己酉年，因為出現較弱的正財出天干，所以財運方面的變動容易會是不理想；五十八歲的庚戌流年，則要注意因健康或官司引起的財運不穩定。

而在流年財運的分數部分，此範例的一生流年財運如下：

• 虛歲十一歲到二十歲走丙寅運，是丙火出天干的春運，則流年財運分數為：

〈癸亥55〉〈甲子55〉〈乙丑50〉〈丙寅80〉〈丁卯85〉〈戊辰60〉〈己巳45〉〈庚午55〉〈辛未60〉〈壬申90〉；

• 虛歲二十一歲到三十歲走丁卯運，是丁火出天干的春運，則流年財運分數為：

〈癸酉85〉〈甲戌70〉〈乙亥60〉〈丙子65〉〈丁丑60〉〈戊寅55〉〈己卯40〉〈庚辰55〉〈辛巳60〉〈壬午70〉；

• 虛歲三十一歲到四十歲走戊辰運，是戊土出天干的春運，則流年財運分數為：

〈癸未60〉〈甲申45〉〈乙酉50〉〈丙戌60〉〈丁亥55〉〈戊子25〉〈己丑10〉〈庚寅50〉〈辛卯60〉〈壬辰80〉；

• 虛歲四十一歲到五十歲走己巳運，是己土出天干的夏運，則流年財運分數為：

〈癸巳85〉〈甲午30〉〈乙未40〉〈丙申75〉〈丁酉65〉〈戊戌35〉〈己亥15〉〈庚子40〉〈辛丑50〉〈壬寅70〉；

• 虛歲五十一歲到六十歲走庚午運，是庚金出天干的夏運，則流年財運分數為：

〈癸卯75〉〈甲辰70〉〈乙巳60〉〈丙午65〉〈丁未70〉〈戊申60〉〈己酉45〉〈庚戌40〉〈辛亥50〉〈壬子55〉。

2、乙日主（乙卯、乙巳、乙未、乙酉、乙亥、乙丑）：

乙日主一共有六個，因為地支的不同會影響到本命的旺弱，基本上影響比較大的部分，會是在個人個性特質上和其他方面的差異，但是在財運的分析方面其實影響並不大，最多只會是程度上的差別，在這裡要把運勢和財運一起做解說，會更容易了解。

《財運詳細解說》：

當乙日主在大運逢到春夏運，大部分都是屬於好運勢，大概有百分之八十以上都可以論為好財運運勢，但如果是出現財出天干的大運，那就要看狀況而定，很可能會變成好運中的弊病。

・如果乙日主走春夏運，且大運天干出甲乙木，也就是甲寅、乙卯、甲辰、乙巳、甲午、乙未，代表大運走人際運勢，對於財運來說屬於不錯的財運，會是因貴人幫助而有所累積的財運現象，但是如果當中的流年天干出現財戊己，特別是屬於弱的戊己，像是己亥、戊子、己卯⋯，那就明顯是不理想的流年財運運勢，甚至有的人會把好不容易累積的成果都失去，而且大都也是因為人際的影響；如果流年逢遇到旺的土，像是戊午、己巳、己未⋯⋯，還是要小心因為人際引起的財運變動，不過倒是很適合變動工作；如果流年出現旺的金，像是庚申、辛酉、庚戌、辛亥、庚子、辛丑，那就要注意到工作財運方面出現的壓力，在投資方面就要多注意小心，除了這些之外的其他流年組合，都屬於不錯的流年財運。以下是六十干支流年組合的財運分數，提供為流年財運的參考：〈甲寅50〉〈乙卯55〉〈丙辰75〉

〈丁巳80〉〈戊午55〉〈己未45〉〈庚申40〉〈辛酉45〉〈壬戌60〉〈癸亥65〉

〈甲子55〉〈乙丑50〉〈丙寅60〉〈丁卯65〉〈戊辰45〉〈己巳40〉〈庚午75〉

〈辛未80〉〈壬申85〉〈癸酉95〉〈甲戌65〉〈乙亥60〉〈丙子70〉〈丁丑65〉

〈戊寅40〉〈己卯35〉〈庚辰60〉〈辛巳70〉〈壬午90〉〈癸未85〉〈甲申70〉

〈乙酉55〉〈丙戌75〉〈丁亥70〉〈戊子25〉〈己丑15〉〈庚寅65〉〈辛卯60〉

〈壬辰80〉〈癸巳85〉〈甲午60〉〈乙未70〉〈丙申80〉〈丁酉75〉〈戊戌35〉

〈己亥25〉〈庚子40〉〈辛丑45〉〈壬寅65〉〈癸卯70〉〈甲辰55〉〈乙巳60〉

〈丙午75〉〈丁未85〉〈戊申50〉〈己酉40〉〈庚戌45〉〈辛亥50〉〈壬子60〉

〈癸丑55〉。

•當乙日主走春夏運，大運是丙丁火出天干，就是丙寅、丁卯、丙辰、丁巳、丙午、丁未，財運大方向會是食傷生財現象，就是用聰明才智去賺錢的類型，雖然會比較忙碌，但財運或不動產運很不錯。若流年出現戊己財出天干，那也要注意到工作財運方面的變動，尤其是較弱的土，像是戊子、己丑、己亥、己卯…，因為很可能會出現錢財的損失，但適合換工作或搬家；如果流年出現旺的金，像是庚申、辛酉、庚戌、辛亥、庚子和辛丑，則在財運方面要注意會有壓力出現，甚至可是出現較不預期的意外狀況，所以其實也可以選擇變動工作。上述之外的流年組合，都屬於不錯的流年財運。以下是六十干支流年組合的財運分數，提供為流年財運的參考：

〈甲寅65〉〈乙卯70〉〈丙辰75〉〈丁巳80〉〈戊午50〉〈己未45〉〈庚申40〉
〈辛酉45〉〈壬戌50〉〈癸亥55〉〈甲子50〉〈乙丑45〉〈丙寅60〉〈丁卯65〉
〈戊辰55〉〈己巳60〉〈庚午70〉〈辛未80〉〈壬申75〉〈癸酉85〉〈甲戌70〉
〈乙亥60〉〈丙子65〉〈丁丑55〉〈戊寅50〉〈己卯40〉〈庚辰50〉〈辛巳60〉
〈壬午80〉〈癸未85〉〈甲申75〉〈乙酉65〉〈丙戌80〉〈丁亥65〉〈戊子35〉
〈己丑25〉〈庚寅55〉〈辛卯65〉〈壬辰75〉〈癸巳80〉〈甲午70〉〈乙未80〉
〈丙申85〉〈丁酉75〉〈戊戌45〉〈己亥35〉〈庚子45〉〈辛丑50〉〈壬寅55〉

〈癸卯65〉〈甲辰75〉〈乙巳65〉〈丙午85〉〈丁未90〉〈戊申55〉〈己酉40〉〈庚戌45〉〈辛亥50〉〈壬子40〉〈癸丑45〉。

•如果乙日主在大運走的是春夏運，而且是戊己財出天干，就是戊寅、己卯、戊辰、己巳、戊午、己未，代表走工作財運屬於不穩定的現象，應該說適合在財來財去中獲得利益，相當適合從事業務、自由業，或是老闆…等等財不穩定型的工作類型，屬於忙碌辛苦而有錢的類型。而若逢遇到甲乙木出天干的流年，那就會變成劫財的現象，是因為人際而影響財運；而如果逢到還是戊己財出天干的流年，對乙日主來說財運方面也會有變動現象，可好可壞，就看自己的作為和選擇，小心謹慎的投資應該會比較理想，所以在投資方面就要小心注意。除了上述之外的其他流年組合，都屬於不錯的流年財運。以下是六十干支流年組合的財運分數，提供為流年財運的參考：〈甲寅35〉〈乙卯45〉〈丙辰65〉〈丁巳70〉〈戊午60〉〈己未65〉〈庚申45〉〈辛酉50〉〈壬戌75〉〈癸亥70〉〈甲子40〉〈乙丑35〉〈丙寅60〉〈丁卯65〉〈戊辰55〉〈己巳60〉〈庚午75〉〈辛未80〉〈壬申90〉〈癸酉95〉〈甲戌40〉〈乙亥45〉〈丙子50〉〈丁丑55〉〈戊寅60〉〈己卯50〉〈庚辰65〉〈辛巳70〉〈壬午80〉

〈癸未75〉〈甲申35〉〈乙酉40〉〈丙戌60〉〈丁亥55〉〈戊子45〉〈己丑35〉〈庚寅70〉〈辛卯75〉〈壬辰85〉〈癸巳80〉〈甲午30〉〈乙未35〉〈丙申65〉〈丁酉60〉〈戊戌50〉〈己亥40〉〈庚子55〉〈辛丑60〉〈壬寅75〉〈癸卯85〉〈甲辰40〉〈乙巳50〉〈丙午70〉〈丁未80〉〈戊申55〉〈己酉45〉〈庚戌50〉〈辛亥55〉〈壬子70〉〈癸丑65〉。

•乙日主如果在春夏運逢到金出天干的大運，就是庚寅、辛卯、庚辰、辛巳、庚午、辛未，財運方面也還不錯，但因為是官殺剋我出天干，所以會感覺比較有壓力，也會比較忙碌煩躁些，所以要注意健康方面。如果流年天干出現旺的金，那在工作財運方面就會不理想，甚至是一些較預期之外的狀況，投資方面要小心注意，是庚申、辛酉、庚戌、辛亥、庚子、辛丑流年；如果在流年出現戊己財出天干，則也要注意財運方面的變動，尤其是弱的土，戊戌、己酉、己亥、戊子、己丑、戊寅、己卯。而除了金和土之外的其他元素的流年，都會屬於不錯的流年財運。以下是六十干支流年組合的財運分數，提供為流年財運的參考：〈甲寅50〉〈乙卯55〉〈丙辰70〉〈丁巳75〉〈戊午55〉〈己未60〉〈庚申40〉〈辛酉50〉〈壬戌60〉

〈癸亥65〉〈甲子50〉〈乙丑40〉〈丙寅60〉〈丁卯65〉〈戊辰60〉〈己巳55〉
〈庚午70〉〈辛未80〉〈壬申75〉〈癸酉90〉〈甲戌60〉〈乙亥50〉〈丙子55〉
〈丁丑45〉〈戊寅50〉〈己卯40〉〈庚辰50〉〈辛巳60〉〈壬午80〉〈癸未90〉
〈甲申65〉〈乙酉55〉〈丙戌70〉〈丁亥60〉〈戊子40〉〈己丑30〉〈庚寅50〉
〈辛卯60〉〈壬辰75〉〈癸巳80〉〈甲午70〉〈乙未80〉〈丙申75〉〈丁酉70〉
〈戊戌60〉〈己亥45〉〈庚子40〉〈辛丑50〉〈壬寅65〉〈癸卯75〉〈甲辰60〉
〈乙巳65〉〈丙午80〉〈丁未85〉〈戊申65〉〈己酉50〉〈庚戌45〉〈辛亥50〉
〈壬子40〉〈癸丑50〉。

• 乙日主在春夏大運天干出壬癸水，就是壬寅、癸卯、壬辰、癸巳、壬午、癸未，其實是相當不錯的運勢現象，特別是夏運水出天干，相當的有貴人運，即使是忙碌但會有展現和成就感。如果流年出現較弱的土，像是戊戌、己酉、己亥、戊子和己丑，那就要注意要財運方面的不穩定，但很適合選擇變動工作，或遷移搬家；如果流年出現旺的金，像是庚申、辛酉、庚戌、辛亥、庚子和辛丑，則在財運方面要注意會有壓力出現，其實也很適合變動工作。除了土和金之外的其他流年組合，都是屬於不錯的流年

財運。以下是六十干支流年組合的財運分數，提供為流年財運的參考：〈甲寅65〉〈乙卯70〉〈丙辰80〉〈丁巳85〉〈戊午60〉〈己未65〉〈庚申50〉〈辛酉55〉〈壬戌60〉〈癸亥65〉〈甲子60〉〈乙丑55〉〈丙寅50〉〈丁卯60〉〈戊辰50〉〈己巳55〉〈庚午70〉〈辛未80〉〈壬申85〉〈癸酉90〉〈甲戌75〉〈乙亥65〉〈丙子60〉〈丁丑45〉〈戊寅55〉〈己卯45〉〈庚辰65〉〈辛巳75〉〈壬午90〉〈癸未95〉〈甲申80〉〈乙酉70〉〈丙戌75〉〈丁亥65〉〈戊子45〉〈己丑40〉〈庚寅50〉〈辛卯60〉〈壬辰85〉〈癸巳90〉〈甲午85〉〈乙未90〉〈丙申80〉〈丁酉70〉〈戊戌50〉〈己亥45〉〈庚子40〉〈辛丑50〉〈壬寅70〉〈癸卯80〉〈甲辰75〉〈乙巳80〉〈丙午90〉〈丁未95〉〈戊申70〉〈己酉50〉〈庚戌45〉〈辛亥55〉〈壬子65〉〈癸丑55〉。

當乙日主走秋冬運，雖然是屬於不太理想的財運運勢，不過還是要看個人的工作職業選擇，還有投資理財的規劃。

- 其實如果大運出現的是甲乙木出天干，就是甲申、乙酉、甲戌、乙亥、甲子、乙丑，其實是在秋冬運裡是屬於還不錯的運勢，雖然大方向沒有春夏運好，但是也還算理想，畢竟逢到秋冬的人際出天干，除了比較沒有弊病，對乙日主來說秋運並不糟。大運秋木對乙日主來說除了甲木會是可以攀附的貴人運，秋運對乙日主來說財運還是會不錯。如果在流年出現旺金，庚申、辛酉、庚戌、辛亥、庚子和辛丑，則在財運方面要注意會有壓力出現，但也很適合變動工作；如果流年出現弱火，丙戌、丁亥、丙子、丁丑和丙寅，則要注意不動產或健康方面引起的問題；而如果流年是出現弱土，像是戊戌、己酉、己亥、戊子、己丑、戊寅和己卯，則要小心工作財運的不穩定或損失，投資方面要很注意小心。其他的流年組合都屬於普通的財運現象，適合穩定累積。以下是六十干支流年組合的財運分數，提供為流年財運的參考：〈甲寅55〉

〈乙卯60〉〈丙辰75〉〈丁巳85〉〈戊午50〉〈己未45〉〈庚申40〉〈辛酉50〉

〈壬戌55〉〈癸亥60〉〈甲子50〉〈乙丑55〉〈丙寅60〉〈丁卯65〉〈戊辰40〉

〈己巳45〉〈庚午60〉〈辛未70〉〈壬申65〉〈癸酉70〉〈甲戌60〉〈乙亥50〉

〈丙子55〉〈丁丑45〉〈戊寅35〉〈己卯30〉〈庚辰50〉〈辛巳55〉〈壬午80〉

〈癸未90〉〈甲申65〉〈乙酉55〉〈丙戌60〉〈丁亥50〉〈戊子30〉〈己丑25〉

〈庚寅50〉〈辛卯60〉〈壬辰70〉〈癸巳80〉〈甲午75〉〈乙未80〉〈丙申70〉

〈丁酉60〉〈戊戌40〉〈己亥30〉〈庚子40〉〈辛丑50〉〈壬寅60〉〈癸卯65〉

〈甲辰60〉〈乙巳70〉〈丙午85〉〈丁未95〉〈戊申45〉〈己酉40〉〈庚戌45〉〈辛亥55〉〈壬子45〉〈癸丑50〉。

•當乙日主走秋冬運，大運出現的是天干丙丁的火運，當中的丙申、丁酉、丙戌，還算是不錯的財運運勢，尤其是在不動產及投資方面，但如果是丁亥、丙子和丁丑，就會是不太理想的財運運勢，會建議理財規劃方面不宜有太多現金，也不宜做投機性投資。而如果逢遇弱土出天干的流年，己酉、戊子、己丑、戊戌、己亥、己卯，則要小心工作財運的不穩定變動，但適合變動工作；如果是逢到旺的火出天干，像是丙午、丁巳及丙申和丁未，則房地產方面容易有變動，可好可壞就看個人作為；而流年如果是逢到旺金出天干，庚申、辛酉、庚戌、辛亥、庚子和辛丑，則要小心較意外的變動，甚至是自己做錯決定而產生的財不理想；而如果流年是出現水旺，壬戌、癸亥及壬子、癸丑，則要小心因為小人所帶來的財運影響，不過如果是壬申和癸酉流年，則就會是相當好的財運流年。其餘的流年都是屬於普通財運現象。以下是六十干支流年組合的財運分數，提供為流年財運的參考：〈甲寅60〉〈乙卯55〉〈丙辰70〉〈丁巳80〉〈戊午60〉〈己未50〉〈庚申35〉〈辛酉40〉〈壬戌45〉〈癸亥50〉

〈甲子55〉〈乙丑45〉〈丙寅60〉〈丁卯65〉〈戊辰45〉〈己巳50〉〈庚午60〉
〈辛未70〉〈壬申65〉〈癸酉70〉〈甲戌65〉〈乙亥50〉〈丙子55〉〈丁丑50〉
〈戊寅40〉〈己卯35〉〈庚辰55〉〈辛巳65〉〈壬午85〉〈癸未80〉〈甲申70〉
〈乙酉60〉〈丙戌70〉〈丁亥60〉〈戊子40〉〈己丑30〉〈庚寅55〉〈辛卯60〉
〈壬辰70〉〈癸巳65〉〈甲午85〉〈乙未80〉〈丙申75〉〈丁酉65〉〈戊戌45〉
〈己亥35〉〈庚子30〉〈辛丑40〉〈壬寅50〉〈癸卯55〉〈甲辰70〉〈乙巳75〉
〈丙午85〉〈丁未90〉〈戊申55〉〈己酉45〉〈庚戌40〉〈辛亥50〉〈壬子40〉
〈癸丑45〉。

• 當乙日主走秋冬運，大運是戊己財出天干，戊申、己酉、戊戌、己亥、戊子、己丑，要注意到一個現象，那就是走偏財己出天干的財運會比較不理想，而戊出天干的正財大運則財運會比較穩定，不過大方向來說戊己財出天干都會是財不穩定的現象，也很容易是不理想的工作財運，好像錢財都流不住，所以建議不宜有現金在身邊，也不建議自己投資創業。如果戊己出天干的大運，又再逢到甲木出天干的流年，則要很小心劫財現象，非常可能會出現負債或意外狀況，尤其是旺的甲木，像

是甲寅、甲午、甲申、甲辰，而出現乙木會理想些；如果是出現丙丁火出天干的流年，財運都還算穩定，但要注意健康方面的問題，尤其是較弱的火；而如果流年出現戊己出天干，則工作財運容易不穩定，不過卻很適合變動工作；而流年出現旺金，像是庚申、辛酉、庚戌、辛亥、庚子，就要注意到因為壓力或是健康引起的財運問題；如果流年出現水旺的流年，像是壬戌、癸亥、壬子和癸丑，則適合搬遷或變動，而如果是水弱的流年，流年的財運運勢就屬於不錯。其他上述之外的流年，會是屬於普通的財運流年。以下是六十干支流年組合的財運分數，提供為流年財運的參考：〈甲寅30〉〈乙卯45〉〈丙辰65〉〈丁巳75〉〈戊午55〉〈己未60〉

〈庚申45〉〈辛酉50〉〈壬戌55〉〈癸亥60〉〈甲子40〉〈乙丑35〉〈丙寅65〉

〈丁卯70〉〈戊辰50〉〈己巳55〉〈庚午65〉〈辛未75〉〈壬申70〉〈癸酉80〉

〈甲戌30〉〈乙亥50〉〈丙子60〉〈丁丑55〉〈戊寅45〉〈己卯35〉〈庚辰55〉

〈辛巳65〉〈壬午75〉〈癸未80〉〈甲申30〉〈乙酉45〉〈丙戌65〉〈丁亥60〉

〈戊子30〉〈己丑25〉〈庚寅50〉〈辛卯55〉〈壬辰65〉〈癸巳75〉〈甲午20〉

〈乙未35〉〈丙申70〉〈丁酉65〉〈戊戌40〉〈己亥30〉〈庚子40〉〈辛丑45〉

〈壬寅55〉〈癸卯65〉〈甲辰35〉〈乙巳40〉〈丙午75〉〈丁未80〉〈戊申45〉

〈己酉40〉〈庚戌50〉〈辛亥55〉〈壬子45〉〈癸丑50〉。

• 當乙日主走秋冬運，大運出現的是庚辛金出天干，也就是庚申、辛酉、庚戌、辛亥、庚子、辛丑，很明顯的是金剋木的現象，而大運逢到金剋木，表示會感覺到相當大的壓力，不管是來自家庭、工作財運、感情婚姻或健康，會有一種壓迫或無奈的感受，而財運方面也是相同的現象，會因為某些壓力或無奈而辛苦，財運大方向並不理想，即使看起來財運不錯，但實際上也很有壓力。如果流年天干出現甲乙木，則要注意人際方面的狀況影響到財運；如果流年出現火弱的丁酉、丙子、丁亥、丁丑及丁卯，則要注意自作聰明反而出現的財運不穩定；如果流年出現弱的土出天干，像是己卯、戊寅、己酉、戊戌、己亥、戊子或己丑，要注意工作財運方面的不穩定；如果流年出現金出天干，尤其是金較旺的流年，就屬於不理想的財運運勢，壓力方面都會更明顯，建議各方面要多保守；除了上述之外的流年，其他都會是屬於普通的財運流年，但建議以保守為原則。以下是六十干支流年組合的財運分數，提供為流年財運的參考：〈甲寅45〉〈乙卯40〉〈丙辰60〉〈丁巳65〉〈戊午60〉〈己未55〉〈庚申30〉〈辛酉40〉〈壬戌50〉〈癸亥55〉

〈甲子35〉〈乙丑40〉〈丙寅55〉〈丁卯60〉〈戊辰50〉〈己巳55〉〈庚午60〉
〈辛未75〉〈壬申70〉〈癸酉80〉〈甲戌40〉〈乙亥45〉〈丙子50〉〈丁丑45〉
〈戊寅50〉〈己卯40〉〈庚辰35〉〈辛巳45〉〈壬午70〉〈癸未75〉〈甲申35〉
〈乙酉45〉〈丙戌60〉〈丁亥50〉〈戊子40〉〈己丑30〉〈庚寅55〉〈辛卯60〉
〈壬辰65〉〈癸巳70〉〈甲午45〉〈乙未55〉〈丙申65〉〈丁酉60〉〈戊戌50〉
〈己亥40〉〈庚子30〉〈辛丑40〉〈壬寅50〉〈癸卯60〉〈甲辰40〉〈乙巳50〉
〈丙午70〉〈丁未80〉〈戊申55〉〈己酉45〉〈庚戌35〉〈辛亥45〉〈壬子40〉
〈癸丑50〉。

• 當乙日主走秋冬運，大運出現壬癸水出天干，壬申、癸酉、壬戌、癸亥、壬子、癸丑，其實對乙日主來說除了壬申和癸酉大運是好運勢之外，其他大運大方向都屬於普通，但因為水較多，所以比較適合去遠方發展，尤其是冬運水出天干，而因為壬申、癸酉二個運勢，是屬於活水的大運，所以對乙木來說是相當的不錯，也可以解釋成相當好的財運運勢。如果流年天干出甲乙木，則屬於普通運勢；如果流年出現弱的火，像是丁酉、丙戌、丁亥、丙子和丁丑，則要注意會出現因房地產，或健康所影響的財運變動；如果流年出現弱的土，則流年財運運勢會是不理想的現象，要小心注意入不敷出或負債問題，旺土的流年就比較沒問題；如果流年出現庚辛金流年，則屬於普通的財運運勢，可以選擇變動工作；而如果流年又出現旺的水，壬申、癸酉、壬戌、癸亥、壬子、癸丑，則要注意會有流動現象，可能是遷移或工作財運不穩定。其餘的流年財運現象，都會是普通狀況，但也建議保守為宜。以下是六十干支流年組合的財運分數，提供為流年財運的參考：〈甲寅50〉〈乙卯55〉〈丙辰60〉〈丁巳70〉〈戊午60〉〈己未55〉〈庚申30〉〈辛酉40〉〈壬戌45〉〈癸亥50〉〈甲子40〉〈乙丑35〉〈丙寅45〉〈丁卯50〉〈戊辰55〉〈己巳50〉〈庚午60〉〈辛未65〉〈壬申60〉〈癸酉70〉〈甲戌65〉〈乙亥50〉〈丙子40〉〈丁丑30〉〈戊寅50〉〈己卯35〉〈庚辰40〉〈辛巳55〉〈壬午65〉〈癸未75〉〈甲申70〉〈乙酉55〉〈丙戌60〉〈丁亥45〉〈戊子40〉〈己丑30〉〈庚寅45〉〈辛卯55〉〈壬辰60〉〈癸巳70〉〈甲午80〉〈乙未85〉〈丙申65〉〈丁酉55〉〈戊戌50〉〈己亥40〉〈庚子30〉〈辛丑35〉〈壬寅50〉〈癸卯60〉〈甲辰65〉〈乙巳70〉〈丙午75〉〈丁未85〉〈戊申55〉〈己酉40〉〈庚戌35〉〈辛亥45〉〈壬子35〉〈癸丑40〉。

《乙日主範例與詳細解說》：

此範例為女命乙日主的乙巳日，生於乙卯年的庚辰月，如果要從八字本命來看此人個性，相當有乙日主的個性特質，而因為年柱和月柱地支卯辰都是春，對乙木來說是很剛好的環境，所以此人本命是屬於相當調和的類型，在個性方面屬於溫和善良也具小聰明。而在財運方面，此人的大運是二歲起運走辛巳金運，辛金出天干的夏運，雖然夏運對乙木來說是相當好的運勢，但因為金出天干讓乙木明顯感覺有壓力，所以也代表吉中帶凶，應該是說屬於看起來小康穩定，但其實有點壓力的家運財運現象。

十二歲開始換壬午運，是壬水出天干的夏運，基本上是相當好的運勢，對乙木來說會相當有展現，但也會比較忙碌。而財運運勢方面，也是不錯的財運運勢，應該說和前一個大運辛巳相比，壬午大運更理想，不過因為十二歲還是屬於家運，所以也代表家運其實是越來越好的現象。接下來二十二歲換癸未運，整體來說也是屬於好運勢，癸未比起壬午來說氣溫更高，也代表比前一個運勢更理想，應該說更有展現，但是因為癸未的水相當弱，所以也會感覺比較忙碌不得閒，很多事都要靠自己努力自己爭取。流年財運方面，二十八歲壬午年及二十九歲癸未年，夏天的水出天干，是相當好的流年，貴人運相當好，有不錯的工作財運的機會；三十歲甲申年和三十一歲的乙酉年，秋天的木出天干，雖然在財運方

時柱	日柱（日主）	月柱	年柱	虛歲年限	八字本命
46歲之後	31至45歲	16至30歲	1至15歲		
丁 丑	乙 巳	庚 辰	乙 卯	四柱干支	

52歲至61歲	42歲至51歲	32歲至41歲	22歲至31歲	12歲至21歲	2歲至11歲	虛歲年限	大運
丙 戌	乙 酉	甲 申	癸 未	壬 午	辛 巳	干支	

30	29	28	27	26	25	24	23	22	21	20	19	18	17	16	15	14	13	12	11	10	9	8	7	6	5	4	3	2	1 +60	虛歲	流年
甲申	癸未	壬午	辛巳	庚辰	己卯	戊寅	丁丑	丙子	乙亥	甲戌	癸酉	壬申	辛未	庚午	己巳	戊辰	丁卯	丙寅	乙丑	甲子	癸亥	壬戌	辛酉	庚申	己未	戊午	丁巳	丙辰	乙卯	干支	
60	59	58	57	56	55	54	53	52	51	50	49	48	47	46	45	44	43	42	41	40	39	38	37	36	35	34	33	32	31	虛歲	
甲寅	癸丑	壬子	辛亥	庚戌	己酉	戊申	丁未	丙午	乙巳	甲辰	癸卯	壬寅	辛丑	庚子	己亥	戊戌	丁酉	丙申	乙未	甲午	癸巳	壬辰	辛卯	庚寅	己丑	戊子	丁亥	丙戌	乙酉	干支	

面還不錯，但容易有人際方面的變動。

三十二歲換甲申運，對乙日主來說大方向是人際大運，雖是秋運但甲申大運對乙來說還不錯，所以是屬於還不錯且人際為主的大運，也所以財運方面容易受到人際影響，在好的流年人際會是貴人，但當流年不理想則會變成小人和劫財。三十二歲丙戌和三十三歲丁亥年，因為秋火不穩定，容易出現自作聰明反而讓工作財運不穩定的現象，或是房地產方面的買賣，人際方面也屬於不穩定；三十四歲戊子和三十五歲己丑，因為流年財出天干，加上大運是甲申劫財，所以明顯會出現劫財及小人，讓工作財運出現不理想；三十六歲庚寅和三十七歲辛卯年，因為流年出現金剋木現象，雖然工作財運還不錯，但會感覺到有明顯壓力；

三十八歲壬辰和三十九歲癸巳年，流年是春夏的水，基本上對乙木來說相當理想，雖然會感覺比較忙碌和辛勞，不過是相當理想的流年，貴人和財運方面都不錯。

四十二歲開始換乙酉運，大方向來說還是人際大運，不過和前一個甲申大運比較起來，氣候狀況是更冷的現象，且天干出現乙木，雖然對乙日主來說比較不會有壓力，卻也無法再攀附，應該說會是比較有競爭的人際，還好乙日主不怕秋運，乙酉運還是屬於不錯的大運，但要注意當中的流年影響。四十二歲丙申和四十三歲丁酉流年，雖然秋火不穩定，但對乙日主來說算理想，財運方面適合買賣房地產；四十四歲戊戌和四十五歲己亥流年，因為出現弱的土出天干，所以在工作財運方面要注意不穩定，不建議合夥或投資，但適合變動工作；四十六歲庚子和四十七歲辛丑流年，是相當旺的金，所以要注意健康或婚姻方面的變動，會影響到工作財運；四十八歲壬寅和四十九歲癸卯流年，春水對乙日主來說相當不錯，可以把握好財運。

五十二歲換到丙戌運，屬於秋火不穩定的丙火，但對於乙日主來說並不忌秋，所以還算不錯或普通的財運運勢，但要注意如果流年出現不理想的組合，就會有較大變動。五十二歲丙午和五十三歲丁未流年，出現火旺流年組合，財運現象相當不錯；而五十六歲庚戌和五十七歲辛亥流年，則是相當旺的金，所以金剋木的現象會出現，要注意工作財運或健康婚姻方面的不穩定，容易明顯感覺壓力，很建議變動工作。

而在流年財運的分數部分，此範例的一生流年財運如下：

• 虛歲十二歲到二十一歲走壬午運，是壬水出天干的夏運，則流年財運分數為：

〈丙寅50〉〈丁卯60〉〈戊辰50〉〈己巳55〉〈庚午70〉〈辛未80〉〈壬申85〉〈癸酉90〉〈甲戌75〉〈乙亥65〉；

• 虛歲二十二歲到三十一歲走癸未運，是癸水出天干的夏運，則流年財運分數為：

〈丙子60〉〈丁丑45〉〈戊寅55〉〈己卯45〉〈庚辰65〉〈辛巳75〉〈壬午90〉〈癸未95〉〈甲申80〉〈乙酉70〉；

• 虛歲三十二歲到四十一歲走甲申運，是甲木出天干的秋運，則流年財運分數為：

〈丙戌60〉〈丁亥50〉〈戊子30〉〈己丑25〉〈庚寅50〉〈辛卯60〉〈壬辰70〉〈癸巳80〉〈甲午75〉〈乙未80〉；

• 虛歲四十二歲到五十一歲走乙酉運，是乙木出天干的秋運，則流年財運分數為：

〈丙申70〉〈丁酉60〉〈戊戌40〉〈己亥30〉〈庚子40〉〈辛丑50〉〈壬寅60〉〈癸卯65〉〈甲辰60〉〈乙巳70〉；

• 虛歲五十二歲到六十一歲走丙戌運，是丙火出天干的秋運，則流年財運分數為：

〈丙午85〉〈丁未90〉〈戊申55〉〈己酉45〉〈庚戌40〉〈辛亥50〉〈壬子40〉〈癸丑45〉〈甲寅60〉〈乙卯55〉。

3、丙日主（丙寅、丙辰、丙午、丙申、丙戌、丙子）：

《財運詳細解說》：

丙日主一共有六個，也許因為地支的不同會影響到本命的旺弱，但基本上影響比較大的部分，會是在個人個性特質上及其他方面的差異，而在財運的分析方面其實影響並不大，尤其是在大方向的現象更不會有影響，最多只會是程度上的差別，所以在這裡要一起做解說。

當丙日主在大運逢到春夏運，大概有百分之六十以上會是好財運運勢，但即使在好的十年大運裡，都還是有二到四個流年是不太理想的影響，都要多注意。

‧如果大運逢到春夏運，且天干出甲乙木，那就是甲寅、乙卯、甲辰、乙巳、甲午、乙未，代表大運走貴人運現象，財運還算不錯，但如果流年天干出現己土，尤其弱的己，像是己亥、己丑、己卯、己酉，那就容易會有小人出現而影響到財運；如果流年出現旺的金，庚申、辛酉、庚戌、辛亥、庚子、辛丑，那就會有金剋木的現象，容易出現投資及錢財方面的損失，但適合變動工作。其他除了這些之外的流年組合，都屬於還不錯的流年財運。以下是六十干支流年組合的財運分數，提供為流年財運的參考：〈甲寅65〉〈乙卯60〉〈丙辰70〉〈丁巳75〉〈戊午65〉〈己未55〉〈庚申35〉〈辛酉40〉〈壬戌50〉〈癸亥55〉〈甲子60〉〈乙丑50〉〈丙寅70〉〈丁卯75〉〈戊辰55〉〈己巳60〉〈庚午30〉〈辛未20〉〈壬申80〉〈癸酉85〉〈甲戌75〉〈乙亥65〉〈丙子70〉〈丁丑65〉〈戊寅60〉〈己卯55〉〈庚辰40〉〈辛巳30〉〈壬午50〉〈癸未45〉〈甲申80〉〈乙酉70〉〈丙戌75〉〈丁亥70〉〈戊子50〉〈己丑40〉〈庚寅35〉〈辛卯30〉〈壬辰55〉〈癸巳50〉〈甲午75〉〈乙未85〉〈丙申80〉〈丁酉75〉〈戊戌55〉〈己亥45〉〈庚子40〉〈辛丑50〉〈壬寅60〉〈癸卯55〉〈甲辰80〉〈乙巳70〉〈丙午65〉〈丁未80〉〈戊申60〉〈己酉50〉〈庚戌40〉〈辛亥45〉〈壬子40〉〈癸丑50〉。

• 當丙日主在春夏運裡逢到丙丁火的大運，丙寅、丁卯、丙辰、丁巳、丙午、丁未，財運大方向會因為人際而有變動，尤其是遇到越旺的火就會越明顯，而且對丙日主來說過旺的火，其實財運運勢就會越容易不穩定不理想，所以火出天干的大運，是屬於普通或不穩定的現象。如果流年出現庚辛金出天干，不管是旺或弱的庚辛，在財運方面都會出現變動，而且越弱的金就變動越大，要注意投資或劫財的損失；如果流年出現弱的水，像壬午、癸卯、癸巳、癸未，其實水明顯的變動也會影響到工作財運，但很適合變動工作。而除了金和水之外的其他流年組合，屬於穩定或不錯的流年財運。以下是六十干支流年組合的財運分數，提供為流年財運的參考：

〈甲寅70〉〈乙卯60〉〈丙辰65〉〈丁巳70〉〈戊午60〉〈己未50〉〈庚申40〉
〈辛酉35〉〈壬戌60〉〈癸亥55〉〈甲子50〉〈乙丑45〉〈丙寅55〉〈丁卯50〉
〈戊辰60〉〈己巳65〉〈庚午10〉〈辛未5〉〈壬申75〉〈癸酉80〉〈甲戌70〉
〈乙亥65〉〈丙子75〉〈丁丑65〉〈戊寅70〉〈己卯60〉〈庚辰35〉〈辛巳25〉
〈壬午40〉〈癸未50〉〈甲申75〉〈乙酉70〉〈丙戌65〉〈丁亥60〉〈戊子55〉
〈己丑50〉〈庚寅25〉〈辛卯20〉〈壬辰50〉〈癸巳45〉〈甲午65〉〈乙未75〉
〈丙申70〉〈丁酉65〉〈戊戌60〉〈己亥50〉〈庚子55〉〈辛丑35〉〈壬寅45〉

〈癸卯50〉〈甲辰75〉〈乙巳70〉〈丙午60〉〈丁未65〉〈戊申75〉〈己酉60〉
〈庚戌45〉〈辛亥50〉〈壬子40〉〈癸丑45〉。

•當丙日主在大運走的是春夏運，而且是戊己財出天干，戊寅、己卯、戊辰、己巳、戊午、己未，大方向代表工作財運屬於穩定的現象，而且越旺的土就會越穩定，不過在不好的流年變動卻也較大。若逢遇到戊己土出天干的流年，那就要注意到不動產或健康方面對財運的影響，尤其是旺的土流年；如果逢到金弱出天干的流年，庚寅、辛卯、庚午、辛巳，辛未，那就要注意到工作財運的變動或損失，但適合變動工作；如果逢到弱的水出天干，癸卯、壬辰、癸巳、壬午、癸未，是明顯不穩定的財運流年，尤其是如果大運的土越旺就會越嚴重。而除了這些之外的其他流年組合，是屬於穩定的流年財運。以下是六十干支流年組合的財運分數，提供為流年財運的參考：〈甲寅55〉〈乙卯60〉〈丙辰65〉〈丁巳55〉〈戊午50〉〈己未45〉
〈庚申50〉〈辛酉60〉〈壬戌55〉〈癸亥60〉〈甲子50〉〈乙丑45〉〈丙寅55〉
〈丁卯50〉〈戊辰60〉〈己巳65〉〈庚午35〉〈辛未30〉〈壬申65〉〈癸酉60〉
〈甲戌55〉〈乙亥50〉〈丙子55〉〈丁丑50〉〈戊寅70〉〈己卯60〉〈庚辰45〉

〈辛巳35〉〈壬午45〉〈癸未40〉〈甲申55〉〈乙酉60〉〈丙戌65〉〈丁亥60〉〈戊子50〉〈己丑45〉〈庚寅40〉〈辛卯45〉〈壬辰55〉〈癸巳50〉〈甲午60〉〈乙未65〉〈丙申70〉〈丁酉65〉〈戊戌60〉〈己亥50〉〈庚子80〉〈辛丑85〉〈壬寅60〉〈癸卯50〉〈甲辰65〉〈乙巳60〉〈丙午50〉〈丁未55〉〈戊申65〉〈己酉55〉〈庚戌60〉〈辛亥70〉〈壬子50〉〈癸丑55〉。

•丙日主在春夏運逢到金出天干的大運，就是庚寅、辛卯、庚辰、辛巳、庚午、辛未，財運方面就屬於不穩定類型，適合在財來財去中獲得利益，相當適合從事業務、自由業，或是老闆…等等財不穩定型的工作類型，屬於為了錢財而忙碌辛苦的類型。如果流年天干出現了甲乙木，那在工作財運方面就會不理想，容易因為不理想的機會而造成財運狀況，像是努力錯了方向反而造成損失；如果在流年出現丙丁火出天干，則財運方面容易出現劫財和小人，真的要多注意小心，尤其是逢到旺的火；如果流年逢到庚辛金出天干，工作財運也會出現不理想的變動，尤其是弱的金會更嚴重。而除了這些之外的其他屬性的流年，都屬於穩定的流年財運。以下是六十干支流年組合的財運分數，提供為流年財運的參考：〈甲寅65〉〈乙卯55〉

〈丙辰35〉〈丁巳30〉〈戊午55〉〈己未60〉〈庚申30〉〈辛酉40〉〈壬戌55〉〈癸亥50〉〈甲子45〉〈乙丑50〉〈丙寅45〉〈丁卯40〉〈戊辰55〉〈己巳60〉〈庚午25〉〈辛未20〉〈壬申60〉〈癸酉70〉〈甲戌45〉〈乙亥50〉〈丙子40〉〈丁丑45〉〈戊寅60〉〈己卯30〉〈庚辰35〉〈辛巳55〉〈壬午40〉〈癸未45〉〈甲申55〉〈乙酉50〉〈丙戌65〉〈丁亥60〉〈戊子50〉〈己丑50〉〈庚寅35〉〈辛卯30〉〈壬辰55〉〈癸巳45〉〈甲午50〉〈乙未55〉〈丙申25〉〈丁酉35〉〈戊戌70〉〈己亥60〉〈庚子50〉〈辛丑55〉〈壬寅60〉〈癸卯50〉〈甲辰60〉〈乙巳50〉〈丙午20〉〈丁未25〉〈戊申65〉〈己酉55〉〈庚戌45〉〈辛亥50〉〈壬子40〉〈癸丑45〉。

・丙日主在春夏大運天干出壬癸水，是壬寅、癸卯、壬辰、癸巳、壬午、癸未，在財運方面就不是太穩定，雖然沒有財出天干那麼不穩定，但水出天干也容易有變動的財運運勢，特別是弱的水夏水出天干，在工作財運方面真的容易會有狀況；如果在流年出現較旺的木，像是甲辰、乙巳、甲午、乙未、甲申，在財運方面也許影響不大，但明顯會比較忙碌辛苦；如果流年出現旺的金，像是庚申、辛酉，庚戌、辛亥、庚子和辛丑，則在財運方面要注意會有壓力出現，其實也很適合變動工作。除了這些之外的其他流年組合，都屬於不錯的流年財運。以下是六十干支流年組合的財運分數，提供為流年財運的參考：〈甲寅70〉〈乙卯60〉〈丙辰50〉〈丁巳55〉〈戊午45〉〈己未40〉〈庚申35〉〈辛酉45〉〈壬戌45〉〈癸亥50〉〈甲子55〉〈乙丑50〉〈丙寅45〉〈丁卯50〉〈戊辰60〉〈己巳65〉〈庚午35〉〈辛未30〉〈壬申70〉〈癸酉80〉〈甲戌65〉〈乙亥55〉〈丙子50〉〈丁丑45〉〈戊寅55〉〈己卯50〉〈庚辰45〉〈辛巳35〉〈壬午60〉〈癸未55〉〈甲申70〉〈乙酉60〉〈丙戌45〉〈丁亥40〉〈戊子60〉〈己丑55〉〈庚寅40〉〈辛卯30〉〈壬辰55〉〈癸巳50〉〈甲午60〉〈乙未65〉〈丙申40〉〈丁酉45〉〈戊戌50〉〈己亥45〉〈庚子60〉〈辛丑70〉〈壬寅60〉〈癸卯50〉〈甲辰65〉〈乙巳55〉〈丙午35〉〈丁未40〉〈戊申60〉〈己酉50〉〈庚戌45〉〈辛亥50〉〈壬子40〉〈癸丑50〉。

當丙日主走秋冬運，雖然秋天的金會比較旺盛，但是還是要看個人的工作職業選擇，還有投資理財的規劃，才能判斷財運好壞。

• 如果大運出現的是甲乙木出天干，甲申、乙酉、甲戌、乙亥、甲子、乙丑，其實是在秋冬運裡屬於還不錯的運勢，至少是木生火的現象，大方向財運屬於穩定，但冬木大運就會比較不穩定些。如果流年出現弱的己土，己卯、己酉、己亥、己丑、己丑，則容易會是不動產方面的變動；如果流年出現庚辛金出天干，則財運狀況就不理想，要小心投資損失，尤其是旺的金，庚申、辛酉、庚戌、辛亥、庚子和辛丑；如果流年出現旺水，壬申、壬戌、癸亥、癸丑，則要小心工作財運的不穩定，或小人出現所引起的損失，而以上的流年出現也都適合變動工作。除了上述的流年，其他的組合流年則會是比較穩定的財運運勢。以下是六十干支流年組合的財運分數，提供為流年財運的參考：〈甲寅75〉〈乙卯70〉〈丙辰60〉

〈丁巳65〉〈戊午50〉〈己未55〉〈庚申25〉〈辛酉35〉〈壬戌45〉〈癸亥55〉

〈甲子60〉〈乙丑50〉〈丙寅55〉〈丁卯65〉〈戊辰70〉〈己巳65〉〈庚午30〉

〈辛未25〉〈壬申60〉〈癸酉65〉〈甲戌70〉〈乙亥60〉〈丙子50〉〈丁丑55〉

〈戊寅60〉〈己卯50〉〈庚辰40〉〈辛巳30〉〈壬午45〉〈癸未40〉〈甲申75〉

〈乙酉65〉〈丙戌60〉〈丁亥55〉〈戊子45〉〈己丑35〉〈庚寅30〉〈辛卯35〉

〈壬辰55〉〈癸巳50〉〈甲午65〉〈乙未70〉〈丙申65〉〈丁酉60〉〈戊戌50〉

〈己亥40〉〈庚子30〉〈辛丑45〉〈壬寅70〉〈癸卯60〉〈甲辰70〉〈乙巳75〉〈丙午55〉〈丁未50〉〈戊申60〉〈己酉45〉〈庚戌40〉〈辛亥45〉〈壬子35〉〈癸丑40〉。

• 丙日主走秋冬運，大運出現的是天干丙丁的火運，丙申、丁酉、丙戌、丁亥、丙子和丁丑，大方向是走人際的運勢，也就是說財運很容易受到人際而影響，尤其是遇到較旺的火，而財運好與壞就需要看流年的現象。如果逢到旺土的流年，戊辰、己巳、戊午、己未、戊申，不動產運和財運會不錯，但若是弱的土，戊子、己丑、己亥、己卯，則要小心工作財運的不穩定變動；如果逢到金出天干的流年，則會是不理想的財運流年，要小心因為人際而影響的財運損失，尤其是較弱的金，庚寅、辛卯、庚午、辛巳、辛未；而如果是出現水旺的流年，壬戌、癸亥及壬子、癸丑，則要小心投資方面的問題，或是工作財運的變動，但適合變動工作。其他的流年則屬於財運穩定。以下是六十干支流年組合的財運分數，提供為流年財運的參考：

〈甲寅65〉〈乙卯55〉〈丙辰60〉〈丁巳65〉〈戊午60〉〈己未65〉〈庚申40〉〈辛酉45〉〈壬戌50〉〈癸亥45〉〈甲子55〉〈乙丑45〉〈丙寅50〉〈丁卯55〉

〈戊辰65〉〈己巳70〉〈庚午25〉〈辛未20〉〈壬申85〉〈癸酉80〉〈甲戌75〉〈乙亥65〉〈丙子50〉〈丁丑45〉〈戊寅70〉〈己卯60〉〈庚辰35〉〈辛巳25〉〈壬午40〉〈癸未35〉〈甲申80〉〈乙酉70〉〈丙戌65〉〈丁亥55〉〈戊子45〉〈己丑50〉〈庚寅40〉〈辛卯35〉〈壬辰55〉〈癸巳40〉〈甲午85〉〈乙未80〉〈丙申70〉〈丁酉65〉〈戊戌60〉〈己亥50〉〈庚子60〉〈辛丑70〉〈壬寅60〉〈癸卯50〉〈甲辰75〉〈乙巳70〉〈丙午50〉〈丁未55〉〈戊申65〉〈己酉55〉〈庚戌45〉〈辛亥50〉〈壬子45〉〈癸丑40〉。

・當丙日主走秋冬運，大運是戊己出天干，戊申、己酉、戊戌、己亥、戊子、己丑，大方向是屬於穩定的財運運勢，且這樣的運勢也很適合買賣不動產，或靠專業來賺錢。如果逢到旺的土，像是戊午、己未、己巳、戊申，則要注意房地產反而會帶來財務的問題，或是投資方面的問題；而流年出現弱金，像是庚寅、辛卯、庚午、辛巳、辛未，就要注意工作財運的變動，但很適合變動工作；如果流年出現水旺的流年，像是壬戌、癸亥、壬子和癸丑，則財運現象容易有壓力，但壬申和癸酉年的財運會相當好。其他的流年則大都屬於普通或不錯的現象。以下是六十干支流

年組合的財運分數，提供為流年財運的參考：〈甲寅65〉〈乙卯55〉〈丙辰65〉〈丁巳70〉〈戊午60〉〈己未65〉〈庚申45〉〈辛酉50〉〈壬戌45〉〈癸亥50〉〈甲子55〉〈乙丑45〉〈丙寅60〉〈丁卯65〉〈戊辰60〉〈己巳65〉〈庚午35〉〈辛未30〉〈壬申55〉〈癸酉60〉〈甲戌55〉〈乙亥60〉〈丙子50〉〈丁丑45〉〈戊寅55〉〈己卯60〉〈庚辰45〉〈辛巳40〉〈壬午55〉〈癸未50〉〈甲申60〉〈乙酉55〉〈丙戌65〉〈丁亥55〉〈戊子45〉〈己丑50〉〈庚寅40〉〈辛卯35〉〈壬辰60〉〈癸巳55〉〈甲午65〉〈乙未70〉〈丙申65〉〈丁酉60〉〈戊戌55〉〈己亥50〉〈庚子75〉〈辛丑80〉〈壬寅60〉〈癸卯50〉〈甲辰60〉〈乙巳65〉〈丙午70〉〈丁未60〉〈戊申65〉〈己酉55〉〈庚戌50〉〈辛亥60〉〈壬子40〉〈癸丑45〉。

• 當丙日主走秋冬運，大運出現的是庚辛金出天干，也就是庚申、辛酉、庚戌、辛亥、庚子、辛丑，很明顯的是財出天干的現象，其實對丙日主來說是不錯的財運運勢，雖然是財來財去的現象，但相當能在不穩定當中有收穫，尤其是冬金庚子和辛丑大運，財運狀況會相當好，也很適合創業當老闆。如果流年天干出現甲乙木，則要注意出現小人或投資錯誤而影響到財運；如果流年出現火旺的丁巳、丙午、丁未、丙申，則要注意因為人際而影響到財運不穩定；如果流年出現庚辛金出天干，那對走秋冬的丙日主來說，會容易有錢財或工作方面的壓力，不建議太大投資宜保守，尤其是金較旺的流年；如果流年出現水出天干，要注意健康方面的狀況影響財運，尤其是旺的水流年。其他的流年組合都還不錯，可以把握。以下是六十干支流年組合的財運分數，提供為流年財運的參考：〈甲寅45〉〈乙卯50〉〈丙辰40〉〈丁巳45〉〈戊午75〉〈己未70〉〈庚申30〉〈辛酉40〉〈壬戌45〉〈癸亥55〉〈甲子40〉〈乙丑50〉〈丙寅45〉〈丁卯50〉〈戊辰70〉〈己巳75〉〈庚午35〉〈辛未30〉〈壬申80〉〈癸酉85〉〈甲戌40〉〈乙亥45〉〈丙子40〉〈丁丑50〉〈戊寅65〉〈己卯55〉〈庚辰45〉〈辛巳40〉〈壬午55〉〈癸未60〉〈甲申35〉〈乙酉45〉〈丙戌40〉〈丁亥50〉〈戊子60〉〈己丑65〉〈庚寅40〉〈辛卯35〉〈壬辰50〉〈癸巳55〉〈甲午40〉〈乙未50〉〈丙申45〉〈丁酉50〉〈戊戌65〉〈己亥60〉〈庚子45〉〈辛丑55〉〈壬寅60〉〈癸卯55〉〈甲辰35〉〈乙巳45〉〈丙午35〉〈丁未40〉〈戊申70〉〈己酉65〉〈庚戌35〉〈辛亥45〉〈壬子40〉〈癸丑50〉。

•當丙日主走秋冬運，大運出現壬癸水出天干，即壬申、癸酉、壬戌、癸亥、壬子、癸丑，大方向屬於有壓力的運勢現象，雖然財運還不錯，但整體來說會是比較忙碌辛苦且被限制的狀況，不過個人的展現會不錯，而壬申、癸酉二個運勢，基本上是屬於活水的大運，所以對丙日主來說相當的不錯，財運運勢相當理想。如果流年出現弱的火，像是丁酉、丙戌、丁亥、丙子和丁丑，則要注意會出現因人際影響到工作財運變動；如果流年出現弱己土，則流年財運運勢會是不理想的現象，要小心注意投資和房地產的問題，而旺土的流年就比較沒問題；如果流年出現庚辛金天干，則屬於不穩定的財運運勢，可以選擇變動工作，但不宜投資；而如果流年又出現壬癸水，則要注意到健康或婚姻方面的變動，影響到財運現象，尤其是較旺的水，但其實也可以遷移或到遠方工作。其他的流年組合，都屬於普通穩定。以下是六十干支流年組合的財運分數，提供為流年財運的參考：

〈甲寅60〉〈乙卯55〉〈丙辰50〉〈丁巳60〉〈戊午65〉〈己未70〉〈庚申40〉

〈辛酉35〉〈壬戌45〉〈癸亥50〉〈甲子55〉〈乙丑45〉〈丙寅40〉〈丁卯50〉

〈戊辰60〉〈己巳65〉〈庚午25〉〈辛未15〉〈壬申60〉〈癸酉65〉〈甲戌75〉

〈乙亥60〉〈丙子45〉〈丁丑40〉〈戊寅60〉〈己卯50〉〈庚辰45〉〈辛巳35〉

〈壬午55〉〈癸未60〉〈甲申80〉〈乙酉65〉〈丙戌55〉〈丁亥45〉〈戊子55〉
〈己丑45〉〈庚寅35〉〈辛卯30〉〈壬辰60〉〈癸巳65〉〈甲午85〉〈乙未75〉
〈丙申60〉〈丁酉50〉〈戊戌60〉〈己亥45〉〈庚子65〉〈辛丑70〉〈壬寅55〉
〈癸卯60〉〈甲辰75〉〈乙巳70〉〈丙午65〉〈丁未60〉〈戊申70〉〈己酉55〉
〈庚戌45〉〈辛亥50〉〈壬子40〉〈癸丑45〉。

《丙日主範例與詳細解說》：

此範例為女命丙日主的丙戌日，生於丙申年的癸巳月，如果要從八字本命來看此人個性，相當有丙日主的個性特質，因為八字本命的搭配還算調和，不是過旺也不會太弱，所以此人是屬於外相不錯的類型，在個性方面很有丙日主的特質，也相當外向有主見。而在財運方面，此人的大運是五歲起運走壬辰水運，是壬水出天干的春運，但因壬水有些不穩定，代表從小的家運財運容易出現不穩定，雖有壓力但也過得去。而十五歲開始換辛卯運，是辛金出天干的春運，由於是弱的金出天干，對於丙日主來說其實更顯財運不穩定，但也可以解釋此人從十五歲之後，就很有賺錢的聰明和辦法，也是較早出社會的類型。

接下來二十五歲換庚寅運，整體來說和前一個辛卯現象差不多，都是弱的金出天干，

時柱	日柱（日主）	月柱	年柱	虛年歲限	八字本命
46歲之後	31至45歲	16至30歲	1至15歲		
辛卯	丙戌	癸巳	丙申	四柱干支	

55歲至64歲	45歲至54歲	35歲至44歲	25歲至34歲	15歲至24歲	5歲至14歲	虛年歲限	大運
丁亥	戊子	己丑	庚寅	辛卯	壬辰	干支	

30	29	28	27	26	25	24	23	22	21	20	19	18	17	16	15	14	13	12	11	10	9	8	7	6	5	4	3	2	1 +60	虛歲	流年
乙丑	甲子	癸亥	壬戌	辛酉	庚申	己未	戊午	丁巳	丙辰	乙卯	甲寅	癸丑	壬子	辛亥	庚戌	己酉	戊申	丁未	丙午	乙巳	甲辰	癸卯	壬寅	辛丑	庚子	己亥	戊戌	丁酉	丙申	干支	
60	59	58	57	56	55	54	53	52	51	50	49	48	47	46	45	44	43	42	41	40	39	38	37	36	35	34	33	32	31	虛歲	
乙未	甲午	癸巳	壬辰	辛卯	庚寅	己丑	戊子	丁亥	丙戌	乙酉	甲申	癸未	壬午	辛巳	庚辰	己卯	戊寅	丁丑	丙子	乙亥	甲戌	癸酉	壬申	辛未	庚午	己巳	戊辰	丁卯	丙寅	干支	

在財運方面都是忙碌辛勤為生活的類型，而且財出天干，所以也容易是財來財去的類型，不管是創業或是工作，都會是在財進財出中多少有獲利。二十五歲庚申和二十六歲辛酉流年，又逢庚辛金財出天干，而且是旺的金流年，很明顯會有工作錢財的變動；二十九歲甲子和三十歲乙丑流年，因為出現冬木，有金剋木現象，所以對丙日主來說，財運明顯不穩定，不宜投資但可換工作；三十一歲丙寅和三十二歲丁卯年，出現弱的火流年，會讓大運的金被剋且變不穩定，明顯是劫財的現象，容易有損失出現。三十三歲戊辰和三十四歲己巳，看起來流年運勢比前面幾年都穩定，可以把握。

三十五歲換的己丑大運，出現了冬土的己土，忽然走入冬運裡，對丙火日主來說明顯會變弱變不穩定，但還好丙日主不怕冬運，且天干出己土也算穩定，大方向會是雖然忙碌辛勞，但財運方面可以有所累積，也可以用自己的聰明才智或不動產來賺錢。三十五歲庚午和三十六歲辛未，看起來是金相當弱的流年，所以明顯在工作和財運方面會有不穩定，而且很容易是不理想的現象，但很適合做工作變動；三十七歲壬申和三十八歲癸酉，雖然遇到旺水讓自己有壓力，但這樣的活水其實對丙日主來說是不錯的流年，財運狀況會很不錯；三十九歲甲戌和四十歲乙亥，這是屬於弱的秋冬木，看起來也許有貴人出現，但也會影響到大運己丑的穩定，很容易出現不動產方面的變動，很適合搬遷；接下來四十一到四十四歲的流年，財運運勢都屬於穩定還不錯的現象，可以把握。

四十五歲換戊子大運，整體來說比前一個大運理想穩定，因為戊子的規模和氣候又比己丑理想，大方向來看，對丙日主是屬於穩定成長的財運運勢，可以用聰明才智和不動產來賺錢。四十五歲庚辰和四十六歲辛巳，因為財出天干且不穩定的影響，所以明顯有工作財運的變動，不建議做投資或合夥但可變動工作；四十七歲壬午和四十八歲癸未流年，出現水弱的流年，要注意到在婚姻及投資方面的問題影響財運，流年現象不是太理想；五十三歲戊子和五十四歲己丑，看起來大方向屬於穩定，但要注意不動產方面的變動會影響到財運。

五十五歲換丁亥大運，這個大運的現象是人際現象不穩定，尤其是丙日主逢遇到弱的火丁亥運，好像人際往往都不會是好的幫助，容易是小人劫財現象。五十五歲庚寅和五十六歲辛卯年，因為弱的財出天干流年，又加上大運是劫財，所以這二年明顯有錢財不順和財運問題，且大都是因為人際而引起；五十九歲甲午和六十歲乙未年，是相當旺的夏木流年，明顯會有貴人出現，是不錯的財運流年，可以把握。

而在流年財運的分數部分，此範例的一生流年財運如下：

• 虛歲十五歲到二十四歲走辛卯運，是辛金出天干的春運，則流年財運分數為：
〈庚戌45〉〈辛亥50〉〈壬子40〉〈癸丑45〉〈甲寅65〉〈乙卯55〉〈丙辰35〉〈丁巳30〉〈戊午55〉〈己未60〉；

• 虛歲二十五歲到三十四歲走庚寅運，是庚金出天干的春運，則流年財運分數為：
〈庚申30〉〈辛酉40〉〈壬戌55〉〈癸亥50〉〈甲子45〉〈乙丑50〉〈丙寅45〉〈丁卯40〉〈戊辰55〉〈己巳60〉；

• 虛歲三十五歲到四十四歲走己丑運，是己土出天干的冬運，則流年財運分數為：
〈庚午35〉〈辛未30〉〈壬申55〉〈癸酉60〉〈甲戌55〉〈乙亥60〉〈丙子50〉〈丁丑45〉〈戊寅55〉〈己卯60〉；

・虛歲四十五歲到五十四歲走戊子運，是戊土出天干的冬運，則流年財運分數為：〈庚辰45〉〈辛巳40〉〈壬午55〉〈癸未50〉〈甲申60〉〈乙酉55〉〈丙戌65〉〈丁亥55〉〈戊子45〉〈己丑50〉；

・虛歲五十五歲到六十四歲走丁亥運，是丁火出天干的冬運，則流年財運分數為：〈庚寅40〉〈辛卯35〉〈壬辰55〉〈癸巳40〉〈甲午85〉〈乙未80〉〈丙申70〉〈丁酉65〉〈戊戌60〉〈己亥50〉。

4、丁日主（丁卯、丁巳、丁未、丁酉、丁亥、丁丑）：

《財運詳細解說》：

丁日主一共有六個，也許因為地支的不同會影響到本命的旺弱，但基本上影響比較大的部分，會是在個人個性特質上及其他方面的差異，而在財運的分析方面其實影響並不大，尤其是在大方向的財運現象，最多只會是程度上的差別，所以在這裡一一做解說。

當丁日主在大運逢到春夏運，大概有百分之七十以上會是好財運運勢，但即使在好的十年大運裡，都還是有四個左右的流年是不太理想的影響，都要多注意。

•如果大運逢到春夏運，且天干出甲乙木，那就是甲寅、乙卯、甲辰、乙巳、甲午、乙未，代表大運走貴人運現象，財運還算不錯，但如果流年天干出現己土，尤其弱的己，像是己亥、己丑、己卯、己酉，那就容易會有小人出現而影響到財運；如果流年出現旺的金，庚申、辛酉、庚戌、辛亥、庚子、辛丑，那就會有金剋木的現象，容易出現投資及錢財方面的損失，但適合變動工作。其他除了這些之外的流年組合，都屬於還不錯的流年財運。以下是六十干支流年組合的財運分數，提供為流年財運的參考：

〈甲寅70〉〈乙卯75〉〈丙辰60〉〈丁巳65〉〈戊午60〉〈己未55〉〈庚申30〉

〈辛酉40〉〈壬戌55〉〈癸亥60〉〈甲子55〉〈乙丑50〉〈丙寅55〉〈丁卯50〉

〈戊辰55〉〈己巳60〉〈庚午25〉〈辛未15〉〈壬申75〉〈癸酉80〉〈甲戌85〉

〈乙亥75〉〈丙子65〉〈丁丑60〉〈戊寅45〉〈己卯40〉〈庚辰35〉〈辛巳30〉

〈壬午40〉〈癸未50〉〈甲申90〉〈乙酉80〉〈丙戌70〉〈丁亥60〉〈戊子35〉

〈己丑30〉〈庚寅35〉〈辛卯30〉〈壬辰50〉〈癸巳55〉〈甲午75〉〈乙未85〉

〈丙申60〉〈丁酉65〉〈戊戌50〉〈己亥40〉〈庚子35〉〈辛丑45〉〈壬寅55〉

〈癸卯60〉〈甲辰80〉〈乙巳75〉〈丙午55〉〈丁未60〉〈戊申55〉〈己酉45〉
〈庚戌40〉〈辛亥35〉〈壬子50〉〈癸丑55〉。

•當丁日主在春夏運裡逢到丙丁火的大運，丙寅、丁卯、丙辰、丁巳、丙午、丁未，財運大方向會因為人際而有變動，尤其是遇到越旺的火就會越明顯，而且對丁日主來說過旺的火，其實財運運勢就會越容易不穩定不理想，所以火出天干的大運，是屬於普通或不穩定的現象。如果流年出現庚辛金出天干，不管是旺或弱的庚辛，在財運方面都會出現變動，而且越弱的金就變動越大，要注意投資或劫財的損失；如果流年出現弱的水，像壬午、癸卯、癸巳、癸未，其實水明顯的變動也會影響到工作財運，但很適合變動工作。而除了上述之外的其他屬性的流年，都屬於穩定或不錯的流年財運。以下是六十干支流年組合的財運分數，提供為流年財運的參考：

〈甲寅75〉〈乙卯70〉〈丙辰65〉〈丁巳70〉〈戊午80〉〈己未85〉〈庚申35〉
〈辛酉45〉〈壬戌50〉〈癸亥55〉〈甲子60〉〈乙丑50〉〈丙寅55〉〈丁卯60〉
〈戊辰65〉〈己巳70〉〈庚午25〉〈辛未15〉〈壬申85〉〈癸酉75〉〈甲戌80〉
〈乙亥70〉〈丙子60〉〈丁丑65〉〈戊寅70〉〈己卯65〉〈庚辰35〉〈辛巳15〉

〈壬午40〉〈癸未50〉〈甲申85〉〈乙酉75〉〈丙戌65〉〈丁亥70〉〈戊子60〉
〈己丑70〉〈庚寅30〉〈辛卯25〉〈壬辰45〉〈癸巳55〉〈甲午90〉〈乙未85〉
〈丙申75〉〈丁酉65〉〈戊戌70〉〈己亥60〉〈庚子55〉〈辛丑65〉〈壬寅55〉
〈癸卯60〉〈甲辰85〉〈乙巳80〉〈丙午55〉〈丁未60〉〈戊申65〉〈己酉70〉
〈庚戌45〉〈辛亥50〉〈壬子60〉〈癸丑55〉。

・當丁日主在大運走的是春夏運，而且是戊己財出天干，戊寅、己卯、戊辰、己巳、戊午、己未，大方向代表工作財運屬於穩定的現象，而且越旺的土就會越穩定，不過在不好的流年變動卻也較大。若逢遇到戊己土出天干的流年，那就要注意到不動產或健康方面對財運的影響，尤其是旺的土流年；如果逢到金弱出天干的流年，庚寅、辛卯、庚午、辛巳，辛未，那就要注意到工作財運的變動或損失，但適合變動工作；如果逢到弱的水出天干，癸卯、壬辰、癸巳、壬午、癸未，是明顯不穩定的財運流年，尤其是如果大運的土越旺就會越嚴重。除了這些之外的其他流年組合，都屬於穩定的流年財運。以下是六十干支流年組合的財運分數，提供為流年財運的參考：

〈甲寅50〉〈乙卯55〉〈丙辰75〉〈丁巳80〉〈戊午65〉〈己未75〉〈庚申40〉

〈辛酉50〉〈壬戌55〉〈癸亥60〉〈甲子40〉〈乙丑45〉〈丙寅55〉〈丁卯60〉〈戊辰70〉〈己巳75〉〈庚午30〉〈辛未20〉〈壬申65〉〈癸酉60〉〈甲戌55〉〈乙亥60〉〈丙子70〉〈丁丑65〉〈戊寅75〉〈己卯70〉〈庚辰45〉〈辛巳40〉〈壬午50〉〈癸未45〉〈甲申60〉〈乙酉55〉〈丙戌75〉〈丁亥65〉〈戊子45〉〈己丑55〉〈庚寅35〉〈辛卯30〉〈壬辰60〉〈癸巳55〉〈甲午50〉〈乙未60〉〈丙申80〉〈丁酉75〉〈戊戌60〉〈己亥50〉〈庚子80〉〈辛丑85〉〈壬寅50〉〈癸卯45〉〈甲辰55〉〈乙巳60〉〈丙午70〉〈丁未80〉〈戊申70〉〈己酉65〉〈庚戌50〉〈辛亥60〉〈壬子45〉〈癸丑50〉。

• 丁日主在春夏運逢到金出天干的大運，就是庚寅、辛卯、庚辰、辛巳、庚午、辛未，財運方面就屬於不穩定類型，適合在財來財去中獲得利益，相當適合從事業務、自由業，或是老闆⋯等等財不穩定型的工作類型，屬於為了錢財而忙碌辛苦的類型。如果流年天干出現了甲乙木，那在工作財運方面就會不理想，容易因為不理想的機會而造成財運狀況，像是努力錯了方向反而造成損失；如果在流年出現丙丁火出天干，則財運方面容易出現劫財和小人，真的要多注意小心，尤其是逢到旺的火，丁巳、丙午、丁未、丙申；如果流年逢到庚辛金出天干，工作財運會出現不理想的變動，要注意投資損失，尤其是弱的金流年會更嚴重。而除了這些之外的其他屬性的流年，都屬於穩定的流年財運。以下是六十干支流年組合的財運分數，提供為流年財運的參考：〈甲寅60〉〈乙卯65〉〈丙辰40〉〈丁巳35〉〈戊午55〉〈己未60〉〈庚申40〉〈辛酉50〉〈壬戌55〉〈癸亥60〉〈甲子45〉〈乙丑50〉〈丙寅45〉〈丁卯50〉〈戊辰70〉〈己巳65〉〈庚午30〉〈辛未20〉〈壬申80〉〈癸酉85〉〈甲戌45〉〈乙亥55〉〈丙子40〉〈丁丑50〉〈戊寅65〉〈己卯60〉〈庚辰40〉〈辛巳30〉〈壬午50〉〈癸未55〉〈甲申40〉〈乙酉50〉〈丙戌35〉〈丁亥45〉〈戊子50〉〈己丑55〉〈庚寅35〉〈辛卯40〉〈壬辰55〉〈癸巳50〉〈甲午60〉〈乙未65〉〈丙申30〉〈丁酉40〉〈戊戌65〉〈己亥60〉〈庚子50〉〈辛丑60〉〈壬寅65〉〈癸卯55〉〈甲辰65〉〈乙巳60〉〈丙午20〉〈丁未25〉〈戊申70〉〈己酉65〉〈庚戌45〉〈辛亥55〉〈壬子60〉〈癸丑65〉。

‧丁日主在春夏大運天干出壬癸水，是壬寅、癸卯、壬辰、癸巳、壬午、癸未，在財運方面就不是太穩定，雖然沒有財出天干那麼不穩定，但水出天干也容易有變動的財運運勢，特別是弱的水夏水出天干，在工作財運方面真的容易會有狀況；如果在流年出現較旺的木，像是甲辰、乙巳、甲午、乙未、甲申，在財運方面也許影響不大，但明顯會比較忙碌辛苦；如果流年出現較旺的土，戊辰、己巳、戊午、己未和戊申，則要注意較意外的狀況，或是健康問題，甚至是感情婚姻影響到財運；如果流年出現旺的金，像是庚申、辛酉、庚戌、辛亥、庚子和辛丑，則在財運方面較會有壓力出現，其實也很適合變動工作。除了這些之外的其他屬性的流年，都屬於不錯的流年財運。以下是六十干支流年組合的財運分數，提供為流年財運的參考：

〈甲寅75〉〈乙卯65〉〈丙辰60〉〈丁巳65〉〈戊午40〉〈己未45〉〈庚申35〉

〈辛酉45〉〈壬戌50〉〈癸亥60〉〈甲子55〉〈乙丑45〉〈丙寅50〉〈丁卯55〉

〈戊辰60〉〈己巳55〉〈庚午30〉〈辛未20〉〈壬申75〉〈癸酉80〉〈甲戌75〉

〈乙亥70〉〈丙子60〉〈丁丑55〉〈戊寅60〉〈己卯55〉〈庚辰45〉〈辛巳35〉

〈壬午55〉〈癸未60〉〈甲申80〉〈乙酉70〉〈丙戌55〉〈丁亥60〉〈戊子55〉

〈己丑50〉〈庚寅35〉〈辛卯30〉〈壬辰50〉〈癸巳55〉〈甲午65〉〈乙未70〉

〈丙申60〉〈丁酉65〉〈戊戌45〉〈己亥50〉〈庚子80〉〈辛丑85〉〈壬寅70〉

〈癸卯75〉〈甲辰70〉〈乙巳65〉〈丙午50〉〈丁未55〉〈戊申40〉〈己酉50〉

〈庚戌45〉〈辛亥50〉〈壬子45〉〈癸丑55〉。

當丁日主走秋冬運，雖然秋天的金會比較旺盛，但是還是要看個人的工作職業選擇，還有投資理財的規劃，才能判斷財運好壞。

• 如果大運出現的是甲乙木出天干，甲申、乙酉、甲戌、乙亥、甲子、乙丑，其實是在秋冬運裡屬於還不錯的運勢，至少是木生火的現象，大方向財運屬於穩定，但冬木大運就會比較不穩定些。如果流年出現弱的己土，己卯、己酉、己亥、己丑、己丑，則容易會是不動產方面的變動；如果流年出現庚辛金出天干，則財運狀況就不理想，要小心投資損失，尤其是旺的金，庚申、辛酉、庚戌、辛亥、庚子和辛丑；如果流年出現旺水，壬申、壬戌、癸亥、癸丑，則要小心工作財運的不穩定，或小人出現所引起的損失，而以上的流年出現也都適合變動工作。除了上述的流年，其他的都會是比較穩定的財運運勢。以下是六十干支流年組合的財運分數，提供為流年財運的參考：

〈甲寅60〉〈乙卯55〉〈丙辰65〉〈丁巳70〉〈戊午50〉〈己未55〉〈庚申30〉
〈辛酉35〉〈壬戌50〉〈癸亥55〉〈甲子60〉〈乙丑50〉〈丙寅55〉〈丁卯60〉
〈戊辰50〉〈己巳55〉〈庚午25〉〈辛未20〉〈壬申60〉〈癸酉65〉〈甲戌75〉

〈乙亥65〉〈丙子55〉〈丁丑50〉〈戊寅55〉〈己卯45〉〈庚辰35〉〈辛巳25〉
〈壬午50〉〈癸未55〉〈甲申80〉〈乙酉70〉〈丙戌60〉〈丁亥50〉〈戊子40〉
〈己丑35〉〈庚寅25〉〈辛卯30〉〈壬辰45〉〈癸巳50〉〈甲午70〉〈乙未75〉
〈丙申65〉〈丁酉60〉〈戊戌50〉〈己亥45〉〈庚子40〉〈辛丑50〉〈壬寅55〉
〈癸卯60〉〈甲辰65〉〈乙巳70〉〈丙午65〉〈丁未75〉〈戊申55〉〈己酉50〉
〈庚戌35〉〈辛亥40〉〈壬子45〉〈癸丑40〉。

•當丁日主走秋冬運，大運出現的是天干丙丁的火運，丙申、丁酉、丙戌、丁亥、丙子和丁丑，大方向是走人際的運勢，也就是說財運很容易受到人際而影響，尤其是遇到較旺的火，而財運好與壞就需要看流年的現象。如果逢到弱的土，戊子、己丑、己亥、己卯，要小心工作財運的不穩定變動，或因人際影響的變動；如果逢到金出天干的流年，則會是不理想的財運流年，要小心因為人際而影響的財運損失，尤其是較弱的金，庚寅、辛卯、庚午、辛巳、辛未；而如果是出現水旺的流年，壬戌、癸亥及壬子、癸丑，則要小心投資方面的問題，或是工作財運的變動，但適合變動工作。其他的流年則屬於財運穩定。以下是六十干支流年組合的財運分數，提

供為流年財運的參考：〈甲寅75〉〈乙卯70〉〈丙辰65〉〈丁巳60〉〈戊午65〉〈己未70〉〈庚申40〉〈辛酉50〉〈壬戌55〉〈癸亥60〉〈甲子55〉〈乙丑45〉〈丙寅60〉〈丁卯55〉〈戊辰65〉〈己巳55〉〈庚午30〉〈辛未20〉〈壬申70〉〈癸酉75〉〈甲戌80〉〈乙亥70〉〈丙子60〉〈丁丑55〉〈戊寅60〉〈己卯55〉〈庚辰40〉〈辛巳30〉〈壬午40〉〈癸未45〉〈甲申85〉〈乙酉75〉〈丙戌65〉〈丁亥55〉〈戊子50〉〈己丑55〉〈庚寅35〉〈辛卯25〉〈壬辰45〉〈癸巳50〉〈甲午90〉〈乙未85〉〈丙申75〉〈丁酉65〉〈戊戌60〉〈己亥50〉〈庚子45〉〈辛丑55〉〈壬寅50〉〈癸卯60〉〈甲辰80〉〈乙巳85〉〈丙午75〉〈丁未80〉〈戊申65〉〈己酉60〉〈庚戌50〉〈辛亥45〉〈壬子50〉〈癸丑55〉。

• 當丁日主走秋冬運，大運是戊己出天干，戊申、己酉、戊戌、己亥、戊子、己丑，大方向是屬於穩定的財運運勢，且這樣的運勢也很適合買賣不動產，或靠專業來賺錢。如果逢到旺的土，像是戊午、己未、己巳、戊申，則要注意房地產反而會帶來財務的壓力，或是投資方面的問題；而流年出現弱金，像是庚寅、辛卯、庚午、辛巳、辛未，就要注意工作財運的變動，但很適合變動工作；如果流年出現水旺的流年，像是壬戌、癸亥、壬子和癸丑，則財運現象容易有壓力，但壬申和癸酉年的財運會相當好。其他的流年則都屬於普通或不錯的現象。以下是六十干支流年組合的財運分數，提供為流年財運的參考：〈甲寅50〉〈乙卯55〉〈丙辰60〉〈丁巳65〉〈戊午70〉〈己未75〉〈庚申45〉〈辛酉55〉〈壬戌50〉〈癸亥55〉〈甲子45〉〈乙丑40〉〈丙寅55〉〈丁卯60〉〈戊辰55〉〈己巳65〉〈庚午30〉〈辛未20〉〈壬申60〉〈癸酉65〉〈甲戌70〉〈乙亥60〉〈丙子55〉〈丁丑50〉〈戊寅60〉〈己卯55〉〈庚辰45〉〈辛巳35〉〈壬午45〉〈癸未50〉〈甲申55〉〈乙酉45〉〈丙戌65〉〈丁亥55〉〈戊子45〉〈己丑50〉〈庚寅35〉〈辛卯25〉〈壬辰45〉〈癸巳50〉〈甲午60〉〈乙未65〉〈丙申75〉〈丁酉65〉〈戊戌55〉〈己亥50〉〈庚子80〉〈辛丑85〉〈壬寅65〉〈癸卯50〉〈甲辰55〉〈乙巳60〉〈丙午70〉〈丁未75〉〈戊申65〉〈己酉55〉〈庚戌60〉〈辛亥65〉〈壬子50〉〈癸丑45〉。

・當丁日主走秋冬運，大運出現的是庚辛金出天干，也就是庚申、辛酉、庚戌、辛亥、庚子、辛丑，很明顯的是財出天干的現象，其實對丁日主來說是不錯的財運運

勢，雖然是財來財去的現象，但相當能在不穩定當中有收穫，尤其是冬金庚子和辛丑大運，財運狀況會相當好，也很適合創業當老闆。如果流年天干出現甲乙木，則要注意出現小人或投資錯誤而影響到財運；如果流年出現火旺的丁巳、丙午、丁未、丙申，則要注意因為人際而影響到財運不穩定；如果流年出現庚辛金出天干，那對走秋冬的丁日主來說，會容易有錢財或工作方面的壓力，不建議太大投資，尤其是金較旺的流年；如果流年出現壬癸水出天干，要注意健康方面的狀況影響財運，尤其是旺的水流年。其他的流年組合都還不錯，可以把握。以下是六十干支流年組合的財運分數，提供為流年財運的參考：〈甲寅35〉〈乙卯45〉〈丙辰35〉

〈丁巳30〉〈戊午75〉〈己未65〉〈庚申35〉〈辛酉40〉〈壬戌45〉〈癸亥50〉

〈甲子35〉〈乙丑40〉〈丙寅35〉〈丁卯40〉〈戊辰65〉〈己巳70〉〈庚午35〉

〈辛未25〉〈壬申60〉〈癸酉70〉〈甲戌40〉〈乙亥45〉〈丙子40〉〈丁丑40〉

〈戊寅70〉〈己卯65〉〈庚辰45〉〈辛巳35〉〈壬午55〉〈癸未60〉〈甲申40〉

〈乙酉45〉〈丙戌35〉〈丁亥45〉〈戊子60〉〈己丑65〉〈庚寅40〉〈辛卯35〉

〈壬辰45〉〈癸巳50〉〈甲午45〉〈乙未50〉〈丙申40〉〈丁酉35〉〈戊戌75〉

〈己亥60〉〈庚子45〉〈辛丑55〉〈壬寅45〉〈癸卯50〉〈甲辰40〉〈乙巳50〉

〈丙午30〉〈丁未25〉〈戊申80〉〈己酉70〉〈庚戌40〉〈辛亥45〉〈壬子35〉〈癸丑40〉。

•當丁日主走秋冬運，大運出現壬癸水出天干，即壬申、癸酉、壬戌、癸亥、壬子、癸丑，大方向屬於有壓力的運勢現象，雖然財運還不錯，但整體來說會是比較忙碌辛苦及被限制的狀況，不過個人的展現會不錯，而壬申、癸酉二個運勢，基本上是屬於活水的大運，所以對丁日主來說相當的不錯，財運運勢相當理想。如果流年出現弱的火，像是丁酉、丙戌、丁亥、丙子和丁丑，則要注意會出現因人際影響到工作財運變動；如果流年出現弱己土，則流年財運運勢會是不理想的現象，要小心注意投資和房地產的問題，而旺土的流年就比較沒問題；如果流年出現庚辛金天干，則屬於不穩定的財運運勢，可以選擇變動工作，但不宜投資；而如果流年出現壬癸水，則要注意到健康或婚姻方面的變動，影響到財運現象，尤其是較旺的水，但其實也可以遷移或到遠方工作。其他的流年組合，都會屬於普通穩定。以下是六十干支流年組合的財運分數，提供為流年財運的參考：〈甲寅65〉〈乙卯60〉〈丙辰50〉〈丁巳55〉〈戊午70〉〈己未75〉〈庚申40〉〈辛酉45〉〈壬戌40〉

〈癸亥50〉〈甲子55〉〈乙丑50〉〈丙寅45〉〈丁卯50〉〈戊辰65〉〈己巳70〉〈庚午30〉〈辛未20〉〈壬申55〉〈癸酉65〉〈甲戌65〉〈乙亥55〉〈丙子45〉〈丁丑40〉〈戊寅60〉〈己卯45〉〈庚辰40〉〈辛巳30〉〈壬午45〉〈癸未55〉〈甲申70〉〈乙酉60〉〈丙戌50〉〈丁亥45〉〈戊子55〉〈己丑45〉〈庚寅35〉〈辛卯25〉〈壬辰50〉〈癸巳60〉〈甲午80〉〈乙未75〉〈丙申55〉〈丁酉50〉〈戊戌60〉〈己亥50〉〈庚子75〉〈辛丑80〉〈壬寅60〉〈癸卯55〉〈甲辰70〉〈乙巳75〉〈丙午50〉〈丁未55〉〈戊申65〉〈己酉55〉〈庚戌45〉〈辛亥55〉〈壬子40〉〈癸丑45〉。

《丁日主範例與詳細解說》：

此範例為女命丁日主的丁未日，生於乙卯年的丙戌月，如果要從八字本命來看此人個性，相當有丁日主的個性特質，因為八字本命的搭配較旺，所以此人是屬於外相不錯且熱心的類型，也相當外向有主見。而在財運方面，此人的大運是四歲起運走丁亥火運，是丁火出天干的冬運，也是人際的大運，對丁日主來說並不糟，是屬於還不錯的財運運勢，顯示從小家運屬於小康穩定的狀況。十四歲開始換戊子運，是戊土出天干的冬運，雖然是相

八字本命

時柱	日柱（日主）	月柱	年柱	虛年歲限
46歲之後	31至45歲	16至30歲	1至15歲	
丁未	丁未	丙戌	乙卯	四柱干支

大運

54歲至63歲	44歲至53歲	34歲至43歲	24歲至33歲	14歲至23歲	4歲至13歲	虛年歲限
壬辰	辛卯	庚寅	己丑	戊子	丁亥	干支

流年

30	29	28	27	26	25	24	23	22	21	20	19	18	17	16	15	14	13	12	11	10	9	8	7	6	5	4	3	2	1 +60	虛歲
甲申	癸未	壬午	辛巳	庚辰	己卯	戊寅	丁丑	丙子	乙亥	甲戌	癸酉	壬申	辛未	庚午	己巳	戊辰	丁卯	丙寅	乙丑	甲子	癸亥	壬戌	辛酉	庚申	己未	戊午	丁巳	丙辰	乙卯	干支
60	59	58	57	56	55	54	53	52	51	50	49	48	47	46	45	44	43	42	41	40	39	38	37	36	35	34	33	32	31	虛歲
甲寅	癸丑	壬子	辛亥	庚戌	己酉	戊申	丁未	丙午	乙巳	甲辰	癸卯	壬寅	辛丑	庚子	己亥	戊戌	丁酉	丙申	乙未	甲午	癸巳	壬辰	辛卯	庚寅	己丑	戊子	丁亥	丙戌	乙酉	干支

當弱的戊土，但對丁日主來說還算穩定，財運方面也是屬於穩定成長的財運運勢。

接下來二十四歲換己丑運，整體來說和前一個戊子差不多，都是弱的土大運，不過己丑的規模比戊子小許多，己土也更冷更弱，所以雖然財運方面大方向還是穩定，但實際上財運規模也相對不如戊子運。二十六歲庚辰和二十七歲辛巳年，因為是庚辛財出天干的流年，而且辛巳屬於相當弱的金，所以在這兩年明顯覺得財運變動較大，也容易有壓力或損失，雖不宜投資但適合變動工作；二十八歲壬午和二十九歲癸未年，逢遇到相當弱的水流年，工作財運容易不穩定，或是感情婚姻會影響到財運運勢；三十歲甲申年，因為己丑對甲申來說並不理想，所以流年的甲木會不穩定，會出現不理想的機會，所以要小心投資或工作機會，很可能是陷阱或是犯小人。

三十四歲換的庚寅大運，出現了金弱的大運運勢，大方向來說比前二個大運不穩定，尤其是在工作財運方面，是看起來還好但實際上是不穩定的現象，也就是財來財去，常常賺不夠花，或是錢財方面有壓力，而這樣的大運不適合創業，也不建議投資，也不宜留現金在身上，只適合穩定型的投資。三十五歲己丑年，因為己無法讓庚金氣流穩定，所以在工作財運方面容易有變動，適合變動工作但不宜投資；三十六歲庚寅和三十七歲辛卯年，是金相當弱的流年，所以明顯在工作和財運方面會有不穩定，很容易出現財務損失，要多注意；三十九歲癸巳年，是水相當弱的流年，對丁日主來說，會因為壓力而影響到財運，要注意工作或感情婚姻的狀況，但很適合搬遷；四十二歲丙申和四十三歲丁酉年，因為丙丁人際出天干，且又剋到流年庚寅金大運，明顯會有劫財及財運不穩定的現象，要很小心財務損失或犯小人。

四十四歲換辛卯大運，整體來說和前一個大運理同類型，但因為辛卯的金較弱，也代表財運方面會更不穩定，所以也代表財運運勢會不理想，建議不宜投資，也不宜創業，維持穩定會比較好。四十六歲庚子和四十七歲辛丑，又逢遇到庚辛出天干的流年，而且是相當旺的流年，所以明顯有工作財運的變動，不建議做投資或合夥但可變動工作；四十八歲壬寅和四十九歲癸卯流年，出現水弱的流年，要注意到在婚姻及投資方面的問題影響財運，流年現象不太理想；五十二歲丙午和五十三歲丁未，因為逢遇到過旺的火，明顯是劫財的現象，所以會出現工作財運變動及損失，而且會是因被人際所影響，所以要注意投資和借貸，最好能量力而為和低調穩定。

五十四歲換壬辰大運，這個大運的現象是水剋火，但壬對丁來說是不錯的天干，雖然有壓力和卻是有展現的大運，在財運方面也會比前二個大運理想，但要注意健康方面的狀況。五十八歲壬子和五十九歲癸丑年，因為又逢水天干，而且是相當旺的水，所以很明顯有水剋火現象，雖然丁火不忌水，但還是要注意工作財運的壓力或健康方面的狀況。

而在流年財運的分數部分，此範例的一生流年財運如下：

• 虛歲十四歲到二十三歲走戊子運，是戊土出天干的冬運，則流年財運分數為：

〈戊辰55〉〈己巳65〉〈庚午30〉〈辛未20〉〈壬申60〉〈癸酉65〉〈甲戌70〉〈乙亥60〉〈丙子55〉〈丁丑50〉；

• 虛歲二十四歲到三十三歲走己丑運，是己土出天干的冬運，則流年財運分數為：

〈戊寅60〉〈己卯55〉〈庚辰45〉〈辛巳35〉〈壬午45〉〈癸未50〉〈甲申55〉〈乙酉45〉〈丙戌65〉〈丁亥55〉；

• 虛歲三十四歲到四十三歲走庚寅運，是庚金出天干的春運，則流年財運分數為：
〈戊子50〉〈己丑55〉〈庚寅35〉〈辛卯40〉〈壬辰55〉〈癸巳50〉〈甲午60〉〈乙未65〉〈丙申30〉〈丁酉40〉；

• 虛歲四十四歲到五十三歲走辛卯運，是辛金出天干的春運，則流年財運分數為：
〈戊戌65〉〈己亥60〉〈庚子50〉〈辛丑60〉〈壬寅65〉〈癸卯55〉〈甲辰65〉〈乙巳60〉〈丙午20〉〈丁未25〉；

• 虛歲五十四歲到六十三歲走壬辰運，是壬水出天干的春運，則流年財運分數為：
〈戊申40〉〈己酉50〉〈庚戌45〉〈辛亥50〉〈壬子45〉〈癸丑55〉〈甲寅75〉〈乙卯65〉〈丙辰60〉〈丁巳65〉。

5、戊日主（戊寅、戊辰、戊午、戊申、戊戌、戊子）：

《財運詳細解說》：

戊日主一共有六個，也許因為地支的不同會影響到本命的旺弱，但基本上影響比較大的部分，會是在個人個性特質上及其他方面的差異，而在財運的分析方面則有些原則要注意，以下就針對戊日主的命盤，把運勢和財運現象一起做解說。

當戊日主在大運逢到春夏運，大概有百分之八十以上會是好財運運勢，但即使在好的十年大運裡，都還是有二到四個流年是不太理想的影響，都要多注意。

• 如果大運逢到春夏運，且天干出甲乙木，那就是甲寅、乙卯、甲辰、乙巳、甲午、乙未，代表大運是有壓力但有展現的運勢，財運運勢介於普通到還不錯間，不過要注意容易受到流年影響財運。如果流年再出現甲乙木，則財運方面容易有壓力，像是事業變動或投資所引起的壓力，所以會是屬於不理想的財運現象，尤其是旺的甲木，甲寅、甲辰、甲午、甲申；如果流年出現弱土，則會出現小人劫財影響到財運運勢，尤其遇到弱的己，像是己亥、己丑、己卯、己酉；如果流年出現旺的金，庚申、辛酉、

庚戌、辛亥、庚子、辛丑，那就會有金剋木的現象，容易出現投資及錢財方面的損失，甚至有較意外的狀況，但適合變動工作；如果流年出現弱的水，癸卯、壬辰、癸巳、壬午、癸未，在工作財運方面會有變動，雖不會是太缺錢的狀況，但是會因為錢財而有壓力，像轉投資或擴大事業…等等，所以建議要量力而為。除了這些之外的流年，都屬於還不錯的流年財運。以下是六十干支流年組合的財運分數，提供為流年財運的參考：〈甲寅35〉〈乙卯40〉〈丙辰60〉〈丁巳65〉〈戊午45〉〈己未40〉

〈庚申25〉〈辛酉35〉〈壬戌45〉〈癸亥40〉〈甲子45〉〈乙丑40〉〈丙寅55〉

〈丁卯60〉〈戊辰35〉〈己巳30〉〈庚午45〉〈辛未50〉〈壬申65〉〈癸酉60〉

〈甲戌40〉〈乙亥45〉〈丙子55〉〈丁丑50〉〈戊寅45〉〈己卯50〉〈庚辰35〉

〈辛巳40〉〈壬午30〉〈癸未25〉〈甲申35〉〈乙酉40〉〈丙戌60〉〈丁亥55〉

〈戊子40〉〈己丑30〉〈庚寅55〉〈辛卯60〉〈壬辰40〉〈癸巳30〉〈甲午45〉

〈乙未50〉〈丙申70〉〈丁酉65〉〈戊戌45〉〈己亥40〉〈庚子30〉〈辛丑35〉

〈壬寅30〉〈癸卯25〉〈甲辰40〉〈乙巳45〉〈丙午65〉〈丁未70〉〈戊申35〉

〈己酉30〉〈庚戌35〉〈辛亥30〉〈壬子40〉〈癸丑45〉。

• 當戊日主在春夏運裡逢到丙丁火的大運，丙寅、丁卯、丙辰、丁巳、丙午、丁未，財運大方向會相當有貴人運，是屬於穩定的類型，似乎順其自然就會水到渠成，雖然不是大富大貴的財運，但是既不缺錢也不用太多煩惱。如果流年出現甲乙木，則財運方面容易有壓力，但很適合變動工作，是屬於不穩定的財運現象，尤其是逢到旺的甲木，甲寅、甲辰、甲午和甲申；如果流年出現弱的庚辛金，容易出現自作聰明或健康方面的狀況，以及房地產的變動，都會影響到財運；如果流年出現弱的水，像壬午、癸卯、癸巳、癸未，其實水明顯的變動也會影響到工作財運，但很適合變動工作。而除了這些以外的流年組合，都屬於穩定或不錯的流年財運。以下是六十干支流年組合的財運分數，提供為流年財運的參考：〈甲寅70〉〈乙卯60〉

〈丙辰75〉〈丁巳80〉〈戊午50〉〈己未55〉〈庚申60〉〈辛酉65〉〈壬戌45〉

〈癸亥50〉〈甲子45〉〈乙丑50〉〈丙寅60〉〈丁卯55〉〈戊辰50〉〈己巳55〉

〈庚午60〉〈辛未65〉〈壬申55〉〈癸酉65〉〈甲戌45〉〈乙亥50〉〈丙子65〉

〈丁丑60〉〈戊寅65〉〈己卯60〉〈庚辰70〉〈辛巳65〉〈壬午35〉〈癸未25〉

〈甲申55〉〈乙酉45〉〈丙戌70〉〈丁亥65〉〈戊子50〉〈己丑40〉〈庚寅50〉

〈辛卯55〉〈壬辰45〉〈癸巳35〉〈甲午60〉〈乙未50〉〈丙申75〉〈丁酉70〉

〈戊戌45〉〈己亥50〉〈庚子65〉〈辛丑70〉〈壬寅50〉〈癸卯40〉〈甲辰65〉〈乙巳55〉〈丙午80〉〈丁未85〉〈戊申55〉〈己酉50〉〈庚戌55〉〈辛亥65〉〈壬子40〉〈癸丑45〉。

• 當戊日主在大運走的是春夏運，而且是戊己出天干，戊寅、己卯、戊辰、己巳、戊午、己未，大方向代表人際的運勢現象，而且越旺的土就會越容易受到人際影響到財運，不過好或壞都還是要看流年而定。若逢遇到甲乙木出天干的流年，那就要注意到投資或合夥方面的狀況，也容易因人際而影響到工作財運，尤其是甲木旺的流年；如果逢到旺土的流年，也就是夏土，那就要注意到人際方面的變動，但也適合變動工作；如果逢到弱的水出天干，癸卯、壬辰、癸巳、壬午、癸未，就是明顯財運不穩定的流年，很容易出現劫財或損失。而除了上述之外的其他組合流年，都屬於還不錯的流年財運。以下是六十干支流年組合的財運分數，提供為流年財運的參考：

〈甲寅40〉〈乙卯45〉〈丙辰70〉〈丁巳75〉〈戊午45〉〈己未50〉〈庚申60〉〈辛酉65〉〈壬戌45〉〈癸亥55〉〈甲子40〉〈乙丑45〉〈丙寅65〉〈丁卯70〉〈戊辰55〉〈己巳50〉〈庚午55〉〈辛未60〉〈壬申55〉〈癸酉50〉〈甲戌45〉

〈乙亥40〉〈丙子60〉〈丁丑55〉〈戊寅50〉〈己卯55〉〈庚辰70〉〈辛巳60〉〈壬午30〉〈癸未20〉〈甲申50〉〈乙酉45〉〈丙戌65〉〈丁亥60〉〈戊子55〉〈己丑60〉〈庚寅65〉〈辛卯55〉〈壬辰40〉〈癸巳35〉〈甲午40〉〈乙未45〉〈丙申70〉〈丁酉65〉〈戊戌60〉〈己亥50〉〈庚子70〉〈辛丑60〉〈壬寅35〉〈癸卯25〉〈甲辰45〉〈乙巳50〉〈丙午75〉〈丁未80〉〈戊申65〉〈己酉60〉〈庚戌65〉〈辛亥70〉〈壬子40〉〈癸丑50〉。

• 戊日主在春夏運逢到金出天干的大運，就是庚寅、辛卯、庚辰、辛巳、庚午、辛未，財運方面屬於普通，很適合從事穩定類型的工作，不建議去創業或合夥，適合長期穩定累積財富。如果流年出現甲乙木，尤其是旺的木，則容易出現財運壓力，或是自己想太多的多餘動作而影響財運；如果流年出現旺的金，庚申、辛酉、庚戌、辛亥、庚子、辛丑，則要注意房地產方面的變動，或因健康而影響到財運運勢；如果流年逢遇到弱的水癸卯，壬辰、癸巳、壬午、癸未，則是財運不穩定的流年，很容易出現投資方面的損失，但適合變動工作。而其他的流年組合，都屬於還不錯的流年財運。以下是六十干支流年組合的財運分數，提供為流年財運的參考：

〈甲寅45〉〈乙卯50〉〈丙辰65〉〈丁巳60〉〈戊午50〉〈己未55〉〈庚申65〉〈辛酉70〉〈壬戌45〉〈癸亥55〉〈甲子40〉〈乙丑45〉〈丙寅55〉〈丁卯50〉〈戊辰55〉〈己巳60〉〈庚午80〉〈辛未75〉〈壬申65〉〈癸酉70〉〈甲戌40〉〈乙亥45〉〈丙子50〉〈丁丑55〉〈戊寅60〉〈己卯55〉〈庚辰65〉〈辛巳60〉〈壬午35〉〈癸未30〉〈甲申45〉〈乙酉50〉〈丙戌55〉〈丁亥60〉〈戊子65〉〈己丑60〉〈庚寅70〉〈辛卯65〉〈壬辰45〉〈癸巳30〉〈甲午35〉〈乙未40〉〈丙申50〉〈丁酉55〉〈戊戌60〉〈己亥50〉〈庚子75〉〈辛丑70〉〈壬寅35〉〈癸卯25〉〈甲辰40〉〈乙巳50〉〈丙午60〉〈丁未65〉〈戊申60〉〈己酉65〉〈庚戌70〉〈辛亥75〉〈壬子40〉〈癸丑50〉。

• 戊日主在春夏大運天干出壬癸水，是壬寅、癸卯、壬辰、癸巳、壬午、癸未，在財運方面就屬於財出天干，財運現象就不會太穩定，但相當適合從事業務、自由業，或是老闆…等等財不穩定型的工作類型，是為了錢財而忙碌辛苦的類型，但不建議太常變動工作，否則無法有錢財累積。如果在流年出現較旺的木，像是甲辰、乙巳、甲午、乙未、甲申，在財運方面要注意投資方面的狀況，也明顯會比較忙碌有壓力；如果流年戊己土天干，則在財運方面要注意劫財問題，要小心人際帶來的損失或變動，但很適合變動工作。除了這些之外的其他屬性的流年，都屬於不錯的流年財運。以下是六十干支流年組合的財運分數，提供為流年財運的參考：

〈甲寅55〉〈乙卯50〉〈丙辰60〉〈丁巳65〉〈戊午20〉〈己未10〉〈庚申65〉
〈辛酉70〉〈壬戌40〉〈癸亥55〉〈甲子50〉〈乙丑55〉〈丙寅65〉〈丁卯60〉
〈戊辰35〉〈己巳30〉〈庚午80〉〈辛未75〉〈壬申65〉〈癸酉70〉〈甲戌45〉
〈乙亥50〉〈丙子60〉〈丁丑65〉〈戊寅40〉〈己卯45〉〈庚辰75〉〈辛巳70〉
〈壬午40〉〈癸未35〉〈甲申40〉〈乙酉50〉〈丙戌65〉〈丁亥60〉〈戊子35〉
〈己丑40〉〈庚寅65〉〈辛卯60〉〈壬辰45〉〈癸巳40〉〈甲午45〉〈乙未55〉
〈丙申70〉〈丁酉65〉〈戊戌30〉〈己亥40〉〈庚子75〉〈辛丑80〉〈壬寅40〉
〈癸卯30〉〈甲辰50〉〈乙巳45〉〈丙午65〉〈丁未70〉〈戊申25〉〈己酉35〉
〈庚戌70〉〈辛亥75〉〈壬子45〉〈癸丑50〉。

・當戊日主走秋冬運，大運出現的是甲乙木出天干，甲申、乙酉、甲戌、乙亥、甲子、乙丑，其實是屬於不太理想的運勢，會感覺有壓力且不順，尤其是冬木的大運，明顯會有生活壓力，工作也常覺得不如意。如果流年再出現甲乙木，則要注意工作方面的變動，對財運來說也會有壓力；如果流年出現戊己土，則容易因為人際而影響到工作財運，屬於不穩定的流年運勢；如果流年出現庚辛金出天干，則財運狀況不穩定，也容易出現比較意外的狀況，要小心投資損失，尤其是旺的金，庚申、辛酉、庚戌、辛亥、庚子和辛丑；如果流年出現旺水，壬申、壬戌、癸亥、癸丑，則要小心工作財運的不穩定，而也都適合變動工作。除了上述的流年，其他都會是還算穩定的財運運勢。以下是六十干支流年組合的財運分數，提供為流年財運的參考：〈甲寅55〉〈乙卯50〉〈丙辰65〉〈丁巳70〉〈戊午40〉〈己未45〉

〈庚申25〉〈辛酉35〉〈壬戌40〉〈癸亥45〉〈甲子50〉〈乙丑55〉〈丙寅60〉

〈丁卯65〉〈戊辰40〉〈己巳35〉〈庚午50〉〈辛未55〉〈壬申40〉〈癸酉50〉

〈甲戌35〉〈乙亥40〉〈丙子55〉〈丁丑60〉〈戊寅45〉〈己卯40〉〈庚辰35〉

〈辛巳45〉〈壬午35〉〈癸未45〉〈甲申40〉〈乙酉45〉〈丙戌65〉〈丁亥60〉

〈戊子35〉〈己丑30〉〈庚寅50〉〈辛卯60〉〈壬辰45〉〈癸巳40〉〈甲午45〉

〈乙未50〉〈丙申70〉〈丁酉65〉〈戊戌40〉〈己亥30〉〈庚子40〉〈辛丑50〉

〈壬寅40〉〈癸卯30〉〈甲辰50〉〈乙巳55〉〈丙午80〉〈丁未85〉〈戊申45〉

〈己酉35〉〈庚戌30〉〈辛亥40〉〈壬子35〉〈癸丑40〉。

•當戊日主走秋冬運，大運出現的是天干丙丁的火運，丙申、丁酉、丙戌、丁亥、丙子和丁丑，大方向是屬於穩定的運勢，貴人運也不錯，尤其是遇到較旺的火大運。如果逢到甲乙木的流年，會感覺比較有壓力，雖不見得是財運壓力，但很可能是工作方面的變動或壓力，尤其是出現較旺的木流年，甲辰、乙巳、甲午、乙未或甲申；如果逢到金出天干的流年，則容易有房地產方面的變動，甚至會影響到財運，尤其是較弱的金，庚寅、辛卯、庚午、辛巳、辛未；如果是出現壬癸水的流年，則要小心投資方面的問題，或是工作財運的變動，但適合變動工作。其他的流年則屬於財運穩定，適合穩定理財。以下是六十干支流年組合的財運分數，提供為流年財運的參考：〈甲寅45〉〈乙卯50〉〈丙辰80〉〈丁巳85〉〈戊午45〉〈己未50〉〈庚申55〉〈辛酉60〉〈壬戌40〉〈癸亥45〉〈甲子50〉〈乙丑45〉〈丙寅65〉〈丁卯70〉〈戊辰55〉〈己巳50〉〈庚午55〉〈辛未65〉〈壬申60〉〈癸酉65〉〈甲戌30〉〈乙亥40〉〈丙子60〉〈丁丑65〉〈戊寅50〉〈己卯55〉〈庚辰65〉〈辛巳70〉〈壬午30〉〈癸未25〉〈甲申35〉〈乙酉40〉〈丙戌65〉〈丁亥60〉

〈戊子45〉〈己丑40〉〈庚寅60〉〈辛卯65〉〈壬辰45〉〈癸巳35〉〈甲午40〉〈乙未45〉〈丙申75〉〈丁酉70〉〈戊戌50〉〈己亥45〉〈庚子65〉〈辛丑60〉〈壬寅35〉〈癸卯30〉〈甲辰50〉〈乙巳55〉〈丙午85〉〈丁未70〉〈戊申60〉〈己酉50〉〈庚戌60〉〈辛亥65〉〈壬子25〉〈癸丑35〉。

‧當戊日主走秋冬運，大運是戊己土出天干，戊申、己酉、戊戌、己亥、戊子、己丑，大方向是屬於人際的運勢，所以財運也很容易受到人際影響，當流年不理想則人際會變小人和劫財。如果流年出現甲乙木，春夏木會比較有展現，工作財運也會比較理想，但秋冬木流年則在工作財運方面會比較有壓力，也會比較不理想。如果流年出現壬癸水流年，則財運容易不穩定，除了壬辰、壬寅、壬申和癸酉年是屬於好的財運流年，剩下的水流年就會比較不理想。其他上述的木和水流年之外，大都是屬於普通或不錯的財運。以下是六十干支流年組合的財運分數，提供為流年財運的參考：〈甲寅40〉〈乙卯45〉〈丙辰70〉〈丁巳75〉〈戊午40〉〈己未45〉〈庚申60〉〈辛酉65〉〈壬戌45〉〈癸亥40〉〈甲子45〉〈乙丑50〉〈丙寅60〉〈丁卯65〉〈戊辰55〉〈己巳50〉〈庚午65〉〈辛未70〉〈壬申55〉〈癸酉60〉

〈甲戌40〉〈乙亥45〉〈丙子65〉〈丁丑60〉〈戊寅45〉〈己卯40〉〈庚辰60〉〈辛巳65〉〈壬午25〉〈癸未15〉〈甲申45〉〈乙酉50〉〈丙戌70〉〈丁亥65〉〈戊子40〉〈己丑45〉〈庚寅55〉〈辛卯60〉〈壬辰45〉〈癸巳30〉〈甲午35〉〈乙未40〉〈丙申75〉〈丁酉70〉〈戊戌45〉〈己亥50〉〈庚子60〉〈辛丑65〉〈壬寅40〉〈癸卯35〉〈甲辰45〉〈乙巳50〉〈丙午80〉〈丁未75〉〈戊申50〉〈己酉55〉〈庚戌65〉〈辛亥70〉〈壬子30〉〈癸丑40〉。

• 當戊日主走秋冬運，大運出現的是庚辛金出天干，也就是庚申、辛酉、庚戌、辛亥、庚子、辛丑，很明顯的是食傷生財的現象，土生金，而金生水，也就是利用自己的聰明才智和能力去賺錢，比較會是靠腦力賺錢的類型，也會是不錯的財運現象。如果流年天干出現甲乙木，則要注意金剋木的現象，可能會是事業投資的變動，或是工作財運的變動，甚至是感情健康的不穩定，都可能會影響到財運運勢，尤其是出現甲木流年；如果流年出現水出天干，其實財運運勢會不錯，但也會有變動現象，適合投資或變動工作，而在比較旺的水流年，壬寅、壬申、癸酉、壬戌、癸亥、壬子、癸丑，就會是比較大的變動，很可能會反而產生財運的壓力或搬遷，

所以不建議太大的投資。而其他的流年組合的財運都屬於不錯，可以把握。以下是六十干支流年組合的財運分數，提供為流年財運的參考：〈甲寅40〉〈乙卯45〉〈丙辰60〉〈丁巳65〉〈戊午55〉〈己未60〉〈庚申65〉〈辛酉70〉〈壬戌45〉〈癸亥50〉〈甲子45〉〈乙丑40〉〈丙寅50〉〈丁卯55〉〈戊辰60〉〈己巳55〉〈庚午75〉〈辛未70〉〈壬申65〉〈癸酉75〉〈甲戌30〉〈乙亥35〉〈丙子55〉〈丁丑50〉〈戊寅55〉〈己卯60〉〈庚辰70〉〈辛巳75〉〈壬午40〉〈癸未30〉〈甲申35〉〈乙酉40〉〈丙戌60〉〈丁亥55〉〈戊子50〉〈己丑60〉〈庚寅65〉〈辛卯70〉〈壬辰50〉〈癸巳45〉〈甲午25〉〈乙未35〉〈丙申70〉〈丁酉60〉〈戊戌55〉〈己亥50〉〈庚子60〉〈辛丑65〉〈壬寅45〉〈癸卯40〉〈甲辰45〉〈乙巳50〉〈丙午65〉〈丁未70〉〈戊申60〉〈己酉50〉〈庚戌55〉〈辛亥60〉〈壬子35〉〈癸丑40〉。

- 當戊日主走秋冬運，大運出現壬癸水出天干，即壬申、癸酉、壬戌、癸亥、壬子、癸丑，大方向屬於財出天干的運勢現象，雖然財運還不錯，但整體來說是比較不穩定的財運運勢，適合從事業務、自由業，或是老闆…等等財不穩定型的工作類型，可以從中獲利，但冬水的運勢壬子和癸丑，因為水過旺過冷，很可能反而會變成財是壓力，或不得不為財忙碌的現象，也很適合到遠方發展。如果流年出現甲乙木出天干，則要注意比較意外的變動，但財運現象不太受影響；如果出現戊己土出天干的流年，要注意因人際劫財而影響到財運損失；如果流年又出現壬癸水，則要注意工作財運的變動，尤其是較旺的水，但其實也可以搬家遷移或變動工作。除上述流年之外的其他的流年組合，都屬於很不錯的財運流年。以下是六十干支流年組合的財運分數，提供為流年財運的參考：〈甲寅45〉〈乙卯40〉〈丙辰50〉〈丁巳60〉〈戊午40〉
〈己未50〉〈庚申70〉〈辛酉80〉〈壬戌35〉〈癸亥30〉〈甲子35〉〈乙丑40〉
〈丙寅45〉〈丁卯50〉〈戊辰35〉〈己巳30〉〈庚午75〉〈辛未80〉〈壬申40〉
〈癸酉50〉〈甲戌40〉〈乙亥30〉〈丙子35〉〈丁丑40〉〈戊寅30〉〈己卯25〉
〈庚辰60〉〈辛巳65〉〈壬午45〉〈癸未40〉〈甲申45〉〈乙酉35〉〈丙戌50〉
〈丁亥45〉〈戊子25〉〈己丑15〉〈庚寅55〉〈辛卯60〉〈壬辰40〉〈癸巳45〉
〈甲午55〉〈乙未60〉〈丙申65〉〈丁酉55〉〈戊戌35〉〈己亥25〉〈庚子60〉
〈辛丑55〉〈壬寅40〉〈癸卯30〉〈甲辰50〉〈乙巳55〉〈丙午75〉〈丁未80〉
〈戊申50〉〈己酉45〉〈庚戌65〉〈辛亥75〉〈壬子30〉〈癸丑20〉。

時柱	日柱（日主）	月柱	年柱	虛年歲限	八字本命
46歲之後	31至45歲	16至30歲	1至15歲		
戊午	戊午	庚子	丙午	四柱干支	

54歲至63歲	44歲至53歲	34歲至43歲	24歲至33歲	14歲至23歲	4歲至13歲	虛年歲限	大運
丙午	乙巳	甲辰	癸卯	壬寅	辛丑	干支	

30	29	28	27	26	25	24	23	22	21	20	19	18	17	16	15	14	13	12	11	10	9	8	7	6	5	4	3	2	1 +60	虛歲	流年
乙亥	甲戌	癸酉	壬申	辛未	庚午	己巳	戊辰	丁卯	丙寅	乙丑	甲子	癸亥	壬戌	辛酉	庚申	己未	戊午	丁巳	丙辰	乙卯	甲寅	癸丑	壬子	辛亥	庚戌	己酉	戊申	丁未	丙午	干支	
60	59	58	57	56	55	54	53	52	51	50	49	48	47	46	45	44	43	42	41	40	39	38	37	36	35	34	33	32	31	虛歲	
乙巳	甲辰	癸卯	壬寅	辛丑	庚子	己亥	戊戌	丁酉	丙申	乙未	甲午	癸巳	壬辰	辛卯	庚寅	己丑	戊子	丁亥	丙戌	乙酉	甲申	癸未	壬午	辛巳	庚辰	己卯	戊寅	丁丑	丙子	干支	

《戊日主範例與詳細解說》：

此範例為男命戊日主的戊午日，生於丙午年的庚子月，如果要從八字本命來看此人個性，相當有戊日主的個性特質，因為八字本命的搭配偏旺，所以此人是屬於正直固執的類型，在個性方面很有戊日主的特質，也相當自我有主見。而在財運方面，此人的大運是四歲起運走辛丑運，是辛金出天干的冬運，但因冬金是比較冷的氣流，代表從小的家運財運並不是太理想，常常需要想辦法賺錢的現象。而十四歲開始換壬寅運，是壬水出天干的春運，雖然壬寅對戊日主來說是財出天干，但壬寅的水並不弱，而且也比前一個大運辛丑理想，所以家運的財運現象有越來越好的趨勢，加上是財出天干的大運，所以很明顯是財來財去的狀況，很適合創業或做生意，其實也代表此人從十五歲開始就很有賺錢的想法，甚至會很早出社會去工作。

接下來二十四癸卯運，和前一個壬寅大運現象一樣都是水出天干的大運，在財運方面都是忙碌奔波賺錢的類型，但是，因為癸卯的規模明顯比壬寅小很多，所以對戊日主來說並不理想，也所以是變成不理想的財運運勢，而且也容易工作時有時無，常常會變動，財來財去裡要真正有所積蓄也比較困難。二十四歲己巳年，是很旺的己土流年，很明顯會有劫財及工作錢財的變動，但很適合變動工作；二十五歲庚午和二十六歲辛未流年，因為是相當弱的金，所以對戊日主來說，容易出現自作聰明或聰明反被聰明誤的現象，流年財運並不理想；二十七歲壬申和二十八歲癸酉年，對戊日主來說是財出天干，看起來水相當活潑旺盛，是屬於不錯的財運運勢，所以很適合投資獲利；二十九歲甲戌和三十歲乙亥年，是秋冬木流年，財運方面還算普通但有壓力；三十一歲丙子和三十二歲丁丑年，出現弱的火流年，雖然對財運影響不大，但會出現不理想的投資或變動機會，不建議做變動。三十三歲戊寅，因為流大運是癸水財出天干，所以流年容易出現劫財及損失，是不理想的財運流年。

三十四歲換的甲辰大運，出現了春木，開始走進木運，木剋土也就開始要育木，而

且甲辰是陽木大樹，對戊日主來說是相當大的壓力，財運運勢現象也會覺得明顯受限有壓力，雖不會缺錢和工作，但大方向是相當有限制有壓力的現象，也會比較忙碌辛勞，而且大都是為了個人的展現和理想。三十四歲己卯年，是弱的己土，加上大運的甲辰不喜己土，所以容易出現小人影響到工作財運，會有明顯變動或遷移，財運並不理想；三十五歲庚辰和三十六歲辛巳，是金偏弱的流年，但因為有金剋木的現象，所以會出現自以為是，聰明反被聰明誤的現象，對財運造成反效果；三十七歲壬午和三十八歲癸未，逢遇到非常弱的夏水，而且是財出天干的流年，明顯是很不理想的財運運勢，而且很容易出現損失或負債，也明顯會有工作財運變動或搬遷；三十九歲甲申和四十歲乙戌年，這是屬於弱的秋木，加上大運的甲辰，所以木很多對戊日主是很大的壓力，但在財運方面其實還算穩定，只是工作方面壓力大，要多注意健康婚姻方面的狀況。

四十四歲換乙巳大運，整體來說和前一個大運差不多，都是旺木的大運，但是因為乙木比甲木規模小，且地支夏季的巳月又比春季辰月更燥熱，大方向來看，乙巳對戊日主來說是感覺煩躁又會更忙碌的大運，而且整體的工作展現又沒比甲辰運好，所以會感覺有些無奈和不情願，但財運方面卻是更實質且有所累積。四十五歲庚寅和四十六歲辛卯，屬於弱的金流年，會有點想太多或多做事的現象，但在財運方面其實還不錯，付出會有所回報；四十七歲壬辰和四十八歲癸巳流年，出現水弱的流年，要注意到在婚姻及投資方面的問題影響財運，流年現象不是太理想；四十九歲甲午和五十歲乙未年，出現很旺的木流年木剋土，對戊主來說明顯會有壓力，且也會有工作財運變動，要小心注意投資和婚姻問題。

五十四歲換丙午大運，是火相當旺的大運，而這個大運的現象是貴人和小人都容易出現的大運，也就是在這個大運裡，出現所有各方面的機會，都不一定是好或壞，當流年不理想時財運運勢就會不好，所以是看起來不錯但實際上卻是不一定好的運勢。五十七歲壬寅和五十八歲癸卯年，因為弱的財出天干流年，又加上大運是過旺的火，所以這兩年明顯有錢財不順和財運問題，且大都是因為投資錯誤或跳入陷阱而來，要盡量做保守的投資理財。

而在流年財運的分數部分，此範例的一生流年財運如下：

- 虛歲十四歲到二十三歲走壬寅運，是壬水出天干的春運，則流年財運分數為：〈己未10〉〈庚申65〉〈辛酉70〉〈壬戌40〉〈癸亥55〉〈甲子50〉〈乙丑55〉〈丙寅65〉〈丁卯60〉〈戊辰35〉；
- 虛歲二十四歲到三十三歲走癸卯運，是癸水出天干的春運，則流年財運分數為：

〈己巳30〉〈庚午80〉〈辛未75〉〈壬申65〉〈癸酉70〉〈甲戌45〉〈乙亥50〉〈丙子60〉〈丁丑65〉〈戊寅40〉；

• 虛歲三十四歲到四十三歲走甲辰運，是甲木出天干的春運，則流年財運分數為：

〈己卯50〉〈庚辰35〉〈辛巳40〉〈壬午30〉〈癸未25〉〈甲申35〉〈乙酉40〉〈丙戌60〉〈丁亥55〉〈戊子40〉；

• 虛歲四十四歲到五十三歲走乙巳運，是乙木出天干的夏運，則流年財運分數為：

〈己丑30〉〈庚寅55〉〈辛卯60〉〈壬辰40〉〈癸巳30〉〈甲午45〉〈乙未50〉〈丙申70〉〈丁酉65〉〈戊戌45〉；

• 虛歲五十四歲到六十三歲走丙午運，是丙火出天干的夏運，則流年財運分數為：

〈己亥50〉〈庚子65〉〈辛丑70〉〈壬寅50〉〈癸卯40〉〈甲辰65〉〈乙巳55〉〈丙午80〉〈丁未85〉〈戊申55〉。

6、己日主（己卯、己巳、己未、己酉、己亥、己丑）：

《財運詳細解說》：

己日主一共有六個，也許因為地支的不同會影響到本命的旺弱，但基本上影響比較大的部分，會是在個人個性特質上及其他方面的差異，而在財運的分析方面則有些原則要注意，以下就針對己日主的命盤，把運勢和財運現象一起做解說。

當己日主在大運逢到春夏運，大概有百分之八十以上會是好財運運勢，但即使在好的十年大運裡，都還是有二到四個流年是不太理想的影響，要多注意。

• 如果大運逢到春夏運，且天干出甲乙木，那就是甲寅、乙卯、甲辰、乙巳、甲午、乙未，代表大運是有壓力但有展現的運勢，財運運勢現象還不錯，但要注意流年會影響到財運。如果流年再出現甲乙木，則財運方面容易有壓力，像是事業變動或投資所引起的壓力，很容易是屬於不理想的財運現象，尤其是旺的甲木年，甲寅、甲辰、甲午、甲申，雖然很有展現及名聲，但忙碌卻沒相對回報；如果流年出現戊己土出天干，則會出現小人及劫財，會影響到財運運勢；如果流年出現旺的庚辛金，庚申、辛酉、庚戌、辛亥、庚子、辛丑，則有金剋木的現象，容易出現投資及錢財

方面的損失，甚至有較意外的狀況，但適合變動工作；如果流年出現旺的水年，壬申、壬戌、壬子、癸亥、癸丑，則在工作財運方面會有變動，似乎在財務方面會更有壓力，像轉投資或擴大事業…等等，所以建議要量力而為。其他除了這些之外的流年組合，都屬於還不錯的流年財運。以下是六十干支流年組合的財運分數，提供為流年財運的參考：〈甲寅40〉〈乙卯45〉〈丙辰70〉〈丁巳75〉〈戊午35〉〈己未40〉〈庚申20〉〈辛酉30〉〈壬戌40〉〈癸亥50〉〈甲子45〉〈乙丑40〉〈丙寅55〉〈丁卯60〉〈戊辰45〉〈己巳40〉〈庚午45〉〈辛未50〉〈壬申55〉〈癸酉60〉〈甲戌40〉〈乙亥45〉〈丙子60〉〈丁丑55〉〈戊寅40〉〈己卯35〉〈庚辰30〉〈辛巳40〉〈壬午30〉〈癸未20〉〈甲申35〉〈乙酉40〉〈丙戌70〉〈丁亥60〉〈戊子30〉〈己丑20〉〈庚寅45〉〈辛卯50〉〈壬辰40〉〈癸巳35〉〈甲午30〉〈乙未35〉〈丙申75〉〈丁酉70〉〈戊戌45〉〈己亥35〉〈庚子25〉〈辛丑30〉〈壬寅35〉〈癸卯40〉〈甲辰45〉〈乙巳40〉〈丙午80〉〈丁未85〉〈戊申40〉〈己酉45〉〈庚戌35〉〈辛亥40〉〈壬子45〉〈癸丑50〉。

• 當己日主在春夏運裡逢到丙丁火的大運，丙寅、丁卯、丙辰、丁巳、丙午、丁未，財運大方向相當有貴人運，是屬於穩定的類型，順其自然就會水到渠成，但建議在個性及想法方面要做些調整，若太過固執或自我，則容易因偏執而影響人際及感情。如果流年出現甲乙木，則財運方面容易感覺有壓力，不過很適合變動工作，因為是屬於不穩定的財運現象，尤其是逢到旺的甲木，甲寅、甲辰、甲午和甲申，適合搬遷或升遷，有適合變動工作；如果流年出現弱的庚辛金，容易出現自作聰明或健康方面的狀況，以及房地產的變動，但對財運影響不大；如果流年出現壬癸水，即財出天干，明顯工作財運不穩定，要小心投資方面的損失。除了這些的其他流年組合，都屬於穩定或不錯的流年財運。以下是六十干支流年組合的財運分數，提供為流年財運的參考：〈甲寅55〉〈乙卯50〉〈丙辰80〉〈丁巳75〉〈戊午45〉

〈己未50〉〈庚申45〉〈辛酉55〉〈壬戌45〉〈癸亥50〉〈甲子45〉〈乙丑40〉

〈丙寅50〉〈丁卯55〉〈戊辰45〉〈己巳50〉〈庚午60〉〈辛未70〉〈壬申60〉

〈癸酉65〉〈甲戌45〉〈乙亥50〉〈丙子65〉〈丁丑60〉〈戊寅50〉〈己卯35〉

〈庚辰65〉〈辛巳60〉〈壬午35〉〈癸未25〉〈甲申40〉〈乙酉45〉〈丙戌60〉

〈丁亥55〉〈戊子60〉〈己丑50〉〈庚寅55〉〈辛卯60〉〈壬辰45〉〈癸巳35〉

〈甲午35〉〈乙未40〉〈丙申70〉〈丁酉65〉〈戊戌55〉〈己亥50〉〈庚子60〉

〈辛丑65〉〈壬寅40〉〈癸卯30〉〈甲辰50〉〈乙巳45〉〈丙午75〉〈丁未70〉
〈戊申65〉〈己酉55〉〈庚戌60〉〈辛亥70〉〈壬子30〉〈癸丑40〉。

•當己日主在大運走的是春夏運，而且是戊己出天干，戊寅、己卯、戊辰、己巳、戊午、己未，大方向代表人際不穩定的運勢現象，而且越旺的土則越容易受到人際影響到財運，不過好或壞都還是要看流年而定。若逢遇到甲乙木出天干的流年，那就要注意到投資或合夥方面的狀況，也容易因人際而影響到工作財運，尤其是甲木旺的流年；如果逢到戊己土的流年，就要注意到人際方面的變動，但也適合變動工作；如果逢到壬癸水出天干的流年，明顯財運不穩定的流年，很容易出現劫財或損失，要注意因人際而產生的財運變動，但適合變動工作。除了上述以外的流年組合，都屬於還不錯的流年財運。以下是六十干支流年組合的財運分數，提供為流年財運的參考：

〈甲寅45〉〈乙卯50〉〈丙辰75〉〈丁巳80〉〈戊午45〉〈己未40〉〈庚申55〉
〈辛酉60〉〈壬戌45〉〈癸亥50〉〈甲子40〉〈乙丑45〉〈丙寅65〉〈丁卯70〉
〈戊辰60〉〈己巳50〉〈庚午55〉〈辛未50〉〈壬申60〉〈癸酉55〉〈甲戌45〉
〈乙亥50〉〈丙子60〉〈丁丑65〉〈戊寅45〉〈己卯50〉〈庚辰65〉〈辛巳60〉

〈壬午35〉〈癸未25〉〈甲申40〉〈乙酉50〉〈丙戌70〉〈丁亥65〉〈戊子55〉〈己丑60〉〈庚寅55〉〈辛卯65〉〈壬辰45〉〈癸巳35〉〈甲午40〉〈乙未45〉〈丙申75〉〈丁酉70〉〈戊戌50〉〈己亥55〉〈庚子75〉〈辛丑80〉〈壬寅40〉〈癸卯30〉〈甲辰50〉〈乙巳45〉〈丙午80〉〈丁未75〉〈戊申55〉〈己酉50〉〈庚戌70〉〈辛亥75〉〈壬子50〉〈癸丑60〉。

- 己日主在春夏運逢到金出天干的大運，就是庚寅、辛卯、庚辰、辛巳、庚午、辛未，財運方面屬於還不錯，適合從事穩定類型的工作，以及發揮自己聰明才智或專長的工作領域，不過不建議創業或合夥，適合長期穩定累積財富。如果流年出現甲乙木，尤其是甲木，則容易出現財運壓力，或是工作方面的煩躁或猶豫，其實是適合變動工作的流年；如果流年出現旺的金，庚申、辛酉、庚戌、辛亥、庚子、辛丑，則要注意房地產方面的變動，或因健康而影響到財運運勢；如果流年逢遇到壬癸水出天干，則是財運不穩定的流年，很容易出現投資方面的損失，或是感情婚姻的變動，但適合變動工作。而其他的流年組合，都屬於還不錯的流年財運。以下是六十干支流年組合的財運分數，提供為流年財運的參考：〈甲寅50〉〈乙卯45〉

〈丙辰60〉〈丁巳55〉〈戊午45〉〈己未50〉〈庚申55〉〈辛酉65〉〈壬戌70〉〈癸亥65〉〈甲子40〉〈乙丑45〉〈丙寅55〉〈丁卯60〉〈戊辰60〉〈己巳50〉〈庚午60〉〈辛未65〉〈壬申75〉〈癸酉80〉〈甲戌35〉〈乙亥45〉〈丙子60〉〈丁丑65〉〈戊寅55〉〈己卯50〉〈庚辰65〉〈辛巳70〉〈壬午35〉〈癸未25〉〈甲申45〉〈乙酉50〉〈丙戌65〉〈丁亥70〉〈戊子60〉〈己丑50〉〈庚寅60〉〈辛卯65〉〈壬辰45〉〈癸巳35〉〈甲午40〉〈乙未50〉〈丙申60〉〈丁酉65〉〈戊戌50〉〈己亥55〉〈庚子75〉〈辛丑80〉〈壬寅50〉〈癸卯45〉〈甲辰45〉〈乙巳50〉〈丙午55〉〈丁未60〉〈戊申65〉〈己酉55〉〈庚戌70〉〈辛亥75〉〈壬子65〉〈癸丑60〉。

- 己日主在春夏大運天干出壬癸水，是壬寅、癸卯、壬辰、癸巳、壬午、癸未，在財運方面屬於財出天干，財運現象就不太穩定，但相當適合從事業務、自由業，或是老闆…財不穩定型的工作類型，是為了錢財而忙碌辛苦的類型，但不建議太常變動工作，否則無法有錢財累積。如果在流年出現較旺的木，像是甲辰、乙巳、甲午、乙未、甲申，在財運方面要注意投資方面的狀況，也明顯會比較忙碌有壓力，如果是要擴張事業，則不宜過於貪心；如果流年出現丙丁火出天干，會出現不穩定現象，則要注意投資方面的拿捏，穩紮穩打是比較理想的理財方式；如果流年戊己土天干，則在財運方面要注意劫財問題，要小心人際帶來的損失或變動，但很適合變動工作。其他的流年組合，都屬於不錯的流年財運。以下是六十干支流年組合的財運分數，提供為流年財運的參考：〈甲寅40〉〈乙卯50〉〈丙辰55〉〈丁巳60〉〈戊午25〉
〈己未30〉〈庚申60〉〈辛酉65〉〈壬戌50〉〈癸亥55〉〈甲子40〉〈乙丑45〉
〈丙寅50〉〈丁卯55〉〈戊辰40〉〈己巳35〉〈庚午60〉〈辛未70〉〈壬申55〉
〈癸酉60〉〈甲戌45〉〈乙亥50〉〈丙子55〉〈丁丑60〉〈戊寅35〉〈己卯40〉
〈庚辰65〉〈辛巳70〉〈壬午40〉〈癸未30〉〈甲申40〉〈乙酉45〉〈丙戌60〉
〈丁亥65〉〈戊子45〉〈己丑40〉〈庚寅55〉〈辛卯60〉〈壬辰45〉〈癸巳35〉
〈甲午30〉〈乙未40〉〈丙申65〉〈丁酉60〉〈戊戌40〉〈己亥45〉〈庚子70〉
〈辛丑75〉〈壬寅35〉〈癸卯30〉〈甲辰45〉〈乙巳50〉〈丙午60〉〈丁未65〉
〈戊申35〉〈己酉40〉〈庚戌65〉〈辛亥70〉〈壬子40〉〈癸丑50〉。

・當己日主走秋冬運，大運出現的是甲乙木出天干，甲申、乙酉、甲戌、乙亥、

甲子、乙丑，其實是屬於有壓力的運勢，但財運運勢還算理想，但越弱的木運則會比較不理想些，即乙亥、甲子和乙丑運，工作也常覺得不如意。如果流年再出現甲乙木，則要注意工作方面或感情婚姻的變動，甚至是較意外的狀況，對財運來說也會有壓力；如果流年出現戊己土出天干，則容易因為人際而影響到工作財運，屬於不穩定的流年運勢，要注意劫財和犯小人；如果流年出現庚辛金出天干，則財運狀況不穩定，也容易出現比較意外的狀況，要小心投資損失，適合變動工作或搬遷，尤其是旺的金流年，庚申、辛酉、庚戌、辛亥、庚子和辛丑；如果流年出現旺水，壬申、壬戌、壬子、癸亥、癸丑，則要小心工作財運的不穩定，也容易有錢財壓力，但也都適合變動工作。除了上述的流年，其他的流年組合屬於穩定的財運運勢。以下是六十干支流年組合的財運分數，提供為流年財運的參考：

〈甲寅40〉〈乙卯45〉〈丙辰70〉〈丁巳75〉〈戊午40〉〈己未45〉〈庚申25〉

〈辛酉35〉〈壬戌45〉〈癸亥50〉〈甲子45〉〈乙丑40〉〈丙寅60〉〈丁卯65〉

〈戊辰50〉〈己巳45〉〈庚午50〉〈辛未60〉〈壬申50〉〈癸酉45〉〈甲戌30〉

〈乙亥35〉〈丙子50〉〈丁丑55〉〈戊寅45〉〈己卯40〉〈庚辰35〉〈辛巳40〉

〈壬午35〉〈癸未25〉〈甲申40〉〈乙酉45〉〈丙戌65〉〈丁亥60〉〈戊子40〉

〈己丑30〉〈庚寅45〉〈辛卯50〉〈壬辰45〉〈癸巳35〉〈甲午30〉〈乙未40〉
〈丙申70〉〈丁酉65〉〈戊戌35〉〈己亥30〉〈庚子40〉〈辛丑35〉〈壬寅40〉
〈癸卯35〉〈甲辰45〉〈乙巳50〉〈丙午75〉〈丁未80〉〈戊申45〉〈己酉40〉
〈庚戌30〉〈辛亥40〉〈壬子30〉〈癸丑35〉。

• 當己日主走秋冬運，大運出現的是天干丙丁的火運，丙申、丁酉、丙戌、丁亥、丙子和丁丑，大方向是屬於穩定的運勢，貴人運也不錯，尤其是遇到較旺的火運。如果逢到甲乙木的流年，會感覺比較有壓力，雖不見得是錢財壓力，但很可能是工作方面的變動或壓力，尤其是出現較旺的木流年，甲辰、乙巳、甲午、乙未或甲申；如果逢到金出天干的流年，則容易有房地產方面的變動，甚至會影響到財運；如果流年出現壬癸水出天干，則要小心投資方面的不穩定，或是感情婚姻的變動，尤其是旺的水流年，壬申、壬戌、壬子、癸亥、癸丑，但適合變動工作。其他的流年組合，則屬於財運穩定。以下是六十干支流年組合的財運分數，提供為流年財運的參考：

〈甲寅40〉〈乙卯45〉〈丙辰70〉〈丁巳75〉〈戊午45〉〈己未50〉〈庚申55〉
〈辛酉60〉〈壬戌45〉〈癸亥50〉〈甲子35〉〈乙丑40〉〈丙寅60〉〈丁卯65〉

〈戊辰60〉〈己巳55〉〈庚午60〉〈辛未70〉〈壬申55〉〈癸酉60〉〈甲戌40〉〈乙亥45〉〈丙子55〉〈丁丑60〉〈戊寅50〉〈己卯45〉〈庚辰65〉〈辛巳60〉〈壬午35〉〈癸未35〉〈甲申45〉〈乙酉40〉〈丙戌70〉〈丁亥65〉〈戊子55〉〈己丑50〉〈庚寅45〉〈辛卯55〉〈壬辰45〉〈癸巳40〉〈甲午45〉〈乙未55〉〈丙申75〉〈丁酉70〉〈戊戌60〉〈己亥55〉〈庚子60〉〈辛丑70〉〈壬寅40〉〈癸卯30〉〈甲辰40〉〈乙巳45〉〈丙午80〉〈丁未85〉〈戊申65〉〈己酉55〉〈庚戌50〉〈辛亥60〉〈壬子35〉〈癸丑40〉。

•當己日主走秋冬運，大運是戊己土出天干，戊申、己酉、戊戌、己亥、戊子、己丑，大方向是屬於人際的運勢，財運也很容易受到人際影響，當流年不理想則人際會變小人和劫財。如果流年出現甲乙木，則要注意工作財運的變動，且是因為人際的影響，要注意小人或劫財現象，尤其是甲木出天干的流年；如果流年出現土旺的流年，則容易因為人際而影響到財運，甚至是感情婚姻；如果流年出現壬癸水流年，是財出天干的現象，財運容易不穩定，而且是劫財引起的變動或損失。上述的流年組合之外，其他大都屬於普通或不錯的財運運勢。以下是六十干支流年組合的財運分數，提供為流年財運的參考：

〈甲寅45〉〈乙卯50〉〈丙辰70〉〈丁巳75〉〈戊午45〉〈己未50〉〈庚申65〉〈辛酉70〉〈壬戌45〉〈癸亥40〉〈甲子35〉〈乙丑45〉〈丙寅60〉〈丁卯55〉〈戊辰50〉〈己巳45〉〈庚午75〉〈辛未70〉〈壬申65〉〈癸酉70〉〈甲戌45〉〈乙亥40〉〈丙子55〉〈丁丑50〉〈戊寅40〉〈己卯45〉〈庚辰65〉〈辛巳70〉〈壬午30〉〈癸未20〉〈甲申40〉〈乙酉45〉〈丙戌60〉〈丁亥55〉〈戊子50〉〈己丑40〉〈庚寅60〉〈辛卯65〉〈壬辰45〉〈癸巳35〉〈甲午45〉〈乙未40〉〈丙申65〉〈丁酉60〉〈戊戌55〉〈己亥45〉〈庚子65〉〈辛丑70〉〈壬寅40〉〈癸卯30〉〈甲辰50〉〈乙巳55〉〈丙午75〉〈丁未80〉〈戊申60〉〈己酉50〉〈庚戌70〉〈辛亥75〉〈壬子35〉〈癸丑40〉。

‧當己日主走秋冬運，大運出現的是庚辛金出天干，庚申、辛酉、庚戌、辛亥、庚子、辛丑，很明顯的是食傷生財的現象，土生金，而金生水，也就是利用自己的聰明才智和能力去賺錢，比較靠腦力賺錢的類型，但因為秋冬金運不穩定，所以容易受到流年影響工作財運。如果流年天干出現甲乙木，則要注意金剋木的現象，可能會是事業或投資的變動，或是工作財運的變動，甚至是感情健康的不穩定，都可能

會變成損失；如果流年出現庚辛金出天干，則明顯金過旺，要注意不動產或健康方面的不穩定；如果流年壬水癸出天干，其實財運運勢不錯，但也會有變動現象，但在比較旺的水流年，壬寅、壬申、癸酉、壬戌、癸亥、壬子、癸丑，就會是比較大的變動，很可能會反而產生財運的壓力或搬遷，所以不建議太大的投資。其他的流年組合的財運都屬於不錯。以下是六十干支流年組合的財運分數，提供為流年財運的參考：〈甲寅30〉〈乙卯40〉〈丙辰55〉〈丁巳60〉〈戊午70〉〈己未75〉〈庚申60〉〈辛酉65〉〈壬戌45〉〈癸亥55〉〈甲子45〉〈乙丑50〉〈丙寅55〉〈丁卯60〉〈戊辰65〉〈己巳60〉〈庚午75〉〈辛未80〉〈壬申70〉〈癸酉80〉〈甲戌35〉〈乙亥40〉〈丙子50〉〈丁丑55〉〈戊寅60〉〈己卯50〉〈庚辰65〉〈辛巳70〉〈壬午35〉〈癸未25〉〈甲申40〉〈乙酉45〉〈丙戌60〉〈丁亥65〉〈戊子60〉〈己丑65〉〈庚寅70〉〈辛卯65〉〈壬辰45〉〈癸巳35〉〈甲午45〉〈乙未50〉〈丙申65〉〈丁酉60〉〈戊戌65〉〈己亥60〉〈庚子75〉〈辛丑70〉〈壬寅35〉〈癸卯25〉〈甲辰40〉〈乙巳50〉〈丙午60〉〈丁未65〉〈戊申70〉〈己酉60〉〈庚戌70〉〈辛亥75〉〈壬子40〉〈癸丑45〉。

• 當己日主走秋冬運，大運出現壬癸水出天干，即壬申、癸酉、壬戌、癸亥、壬子、癸丑，大方向屬於財出天干的運勢現象，因水相當旺所以財運會不穩定，尤其是較旺的壬水組合大運，壬戌及壬子運，會屬於錢財或事業有壓力的現象，常因錢財而變勞碌，也很適合到遠方發展。如果流年出現甲乙木出天干，則要注意比較意外的變動，很適合變動工作；如果出現戊己土出天干的流年，要注意因人際劫財而影響到財運損失，但如果是逢遇到旺的土，則也會是貴人幫助；如果流年又出現壬癸水，則要注意工作財運或感情婚姻的變動，很容易是損失，但可以搬家遷移或變動工作。其他的流年組合，都屬於普通的財運流年。以下是六十干支流年組合的財運分數，提供為流年財運的參考：〈甲寅45〉〈乙卯40〉〈丙辰60〉〈丁巳65〉〈戊午60〉

〈己未65〉〈庚申50〉〈辛酉60〉〈壬戌45〉〈癸亥40〉〈甲子35〉〈乙丑30〉

〈丙寅45〉〈丁卯50〉〈戊辰55〉〈己巳60〉〈庚午70〉〈辛未75〉〈壬申40〉

〈癸酉50〉〈甲戌55〉〈乙亥35〉〈丙子40〉〈丁丑30〉〈戊寅40〉〈己卯35〉

〈庚辰60〉〈辛巳65〉〈壬午45〉〈癸未35〉〈甲申60〉〈乙酉45〉〈丙戌50〉

〈丁亥40〉〈戊子55〉〈己丑45〉〈庚寅65〉〈辛卯70〉〈壬辰40〉〈癸巳30〉

〈甲午70〉〈乙未65〉〈丙申70〉〈丁酉50〉〈戊戌60〉〈己亥45〉〈庚子55〉

〈辛丑60〉〈壬寅35〉〈癸卯30〉〈甲辰65〉〈乙巳60〉〈丙午75〉〈丁未80〉〈戊申65〉〈己酉45〉〈庚戌55〉〈辛亥60〉〈壬子30〉〈癸丑35〉。

《己日主範例與詳細解說》：

此範例為女命己日主的己巳日，生於乙卯年的丁亥月，如果要從八字本命來看此人個性，相當有己日主的個性特質，因為己巳日的特質很明顯，所以此人是屬於認真固執的類型，也相當自信有主見。而在財運方面，此人的大運是六歲起運走戊子運，是戊土出天干的冬運，代表從小的家運財運並不是太理想，是屬於需要辛苦努力的狀況。而十六歲換己丑運，是己土出天干的冬運，運勢大方向和戊子差不多，但似乎是比戊子更不理想的運勢。

接下來二十六庚寅運，和前一個己丑大運比起來好很多，畢竟秋去冬來也會比較有機會和發展，雖然庚寅的金很弱，但比較有機會讓人看見自己的能力，是屬於穩定的財運運勢。二十六歲庚辰和二十七歲辛巳年，雖是弱的金但是加上大運庚寅也是金，對己日主來說，很有機會發揮自己所長，很適合充實自己或繼續深造，當然工作財運也有機會往上爬；二十八歲壬午和二十九歲癸未年，對己日主來說是財出天干，很明顯會有工作財運的變動，建議最好是做些變動或搬遷；三十歲甲申和三十一歲乙酉年，是秋木流年，加上大

時柱	日柱（日主）	月柱	年柱	虛年歲限	八字本命
46歲之後	31至45歲	16至30歲	1至15歲		
戊辰	己巳	丁亥	乙卯	四柱干支	

56歲至65歲	46歲至55歲	36歲至45歲	26歲至35歲	16歲至25歲	6歲至15歲	虛年歲限	大運
癸巳	壬辰	辛卯	庚寅	己丑	戊子	干支	

30	29	28	27	26	25	24	23	22	21	20	19	18	17	16	15	14	13	12	11	10	9	8	7	6	5	4	3	2	1 +60	虛歲	流年
甲申	癸未	壬午	辛巳	庚辰	己卯	戊寅	丁丑	丙子	乙亥	甲戌	癸酉	壬申	辛未	庚午	己巳	戊辰	丁卯	丙寅	乙丑	甲子	癸亥	壬戌	辛酉	庚申	己未	戊午	丁巳	丙辰	乙卯	干支	
60	59	58	57	56	55	54	53	52	51	50	49	48	47	46	45	44	43	42	41	40	39	38	37	36	35	34	33	32	31	虛歲	
甲寅	癸丑	壬子	辛亥	庚戌	己酉	戊申	丁未	丙午	乙巳	甲辰	癸卯	壬寅	辛丑	庚子	己亥	戊戌	丁酉	丙申	乙未	甲午	癸巳	壬辰	辛卯	庚寅	己丑	戊子	丁亥	丙戌	乙酉	干支	

運的金剋木現象，要注意工作財運或是感情婚姻的壓力現象，而且會是比較預料之外的變動，建議維持保守低調；三十二歲丙戌和三十三歲丁亥年，出現弱的火流年，雖然對財運影響不大，但會出現不理想的投資或工作機會，不建議做變動；三十四歲戊子和三十五歲己丑年，是弱的冬土年，財運大方向屬於穩定，但要注意人際方面的變動影響。

三十六歲換辛卯大運，其實大方向和庚寅差異不大，是很能發揮能力的運勢，不過這運勢會比較感覺煩躁和不順心，財運方面適合投資不動產，且做長期穩定的理財。三十六歲庚寅和三十七歲辛卯，是金偏弱的流年，適合買賣不動產，但不宜投機取巧，否則會有煩躁的結果，也要注意健康方面的狀況；三十八歲壬辰和三十九歲癸巳，逢遇到弱的夏水，而且是財出天干的流年，明顯工作財運會有變動，適合變動工作和不宜投資；四十歲甲午和四十一歲乙未年，是屬於相當旺的木，對己日主來說是很大的壓力，很可能是來自工作財運，或是婚姻及健康方面的問題，甚至會出現預期之外的狀況，真的要很小心注意；四十二歲丙申和四十三歲丁酉年，秋天不穩定的火流年，對大運來說會有些弊病，要注意不動產方面的變動或損失，或是健康方面的問題。

四十六歲換壬辰大運，是屬於財出天干的大運，明顯會有因為錢財而奔波忙碌的現象，且因為財來財去，所以是表面上看起來不錯，但實際上並不如想像的理想，甚至工作財運也很容易變動不穩定，如果要創業應該也無法規模太大，也不如預期的獲利。四十六歲庚子和四十七歲辛丑年，屬於金相當旺的流年，會很有抱負和想法，其實是不錯的食傷生財的現象，可以從投資中獲利，但在這裡並不建議去創業，不是理想的時間點；四十八歲壬寅和四十九歲癸卯年，是春水的流年，加上大運的壬辰水運，明顯有工作財運的變動，而且容易有錢財方面的壓力出現，但適合變動工作；五十歲甲辰和五十一歲乙巳年，出現旺的木流年，對己主來說明顯有壓力，似乎為了事業發展而有壓力，所以要小心注意婚姻及健康方面的問題；五十四歲戊申和五十五歲己酉年，出現人際流年，但因為大運走財出天干，所以明顯有劫財的狀況，會因為別人而有損失，這是一個財運不理想的流年，要注意小人但適合變動工作。

五十六歲換癸巳大運，大方向和壬辰運差不多，都是財出天干大運，但癸巳卻比較不理想，好像更忙卻更缺錢的現象，也許個人展現很不錯，但財務狀況卻不理想，不建議投資及創業，否則越多的動作反而會讓財運更有壓力。六十四歲戊午和六十五歲己未年，是屬於很明顯的劫財運勢，要非常非常小心注意各方面的問題，是不理想的流年。

而在流年財運的分數部分，此範例的一生流年財運如下：

• 虛歲十六歲到二十五歲走己丑運，是己土出天干的冬運，則流年財運分數為：〈庚午75〉〈辛未70〉〈壬申65〉〈癸酉70〉〈甲戌45〉〈乙亥40〉〈丙子55〉〈丁丑50〉〈戊寅40〉〈己卯45〉；

• 虛歲二十六歲到三十五歲走庚寅運，是庚金出天干的春運，則流年財運分數為：〈庚辰65〉〈辛巳70〉〈壬午35〉〈癸未25〉〈甲申45〉〈乙酉50〉〈丙戌65〉〈丁亥70〉〈戊子60〉〈己丑50〉；

• 虛歲三十六歲到四十五歲走辛卯運，是辛金出天干的春運，則流年財運分數為：〈庚寅60〉〈辛卯65〉〈壬辰45〉〈癸巳35〉〈甲午40〉〈乙未50〉〈丙申60〉〈丁酉65〉〈戊戌50〉〈己亥55〉；

・虛歲四十六歲到五十五歲走壬辰運，是壬水出天干的春運，則流年財運分數為：〈庚子70〉〈辛丑75〉〈壬寅35〉〈癸卯30〉〈甲辰45〉〈乙巳50〉〈丙午60〉〈丁未65〉〈戊申35〉〈己酉40〉；

・虛歲五十六歲到六十五歲走癸巳運，是癸水出天干的夏運，則流年財運分數為：〈庚戌65〉〈辛亥70〉〈壬子40〉〈癸丑50〉〈甲寅40〉〈乙卯50〉〈丙辰55〉〈丁巳60〉〈戊午25〉〈己未30〉。

7、庚日主（庚寅、庚辰、庚午、庚申、庚戌、庚子）：

《財運詳細解說》：

庚日主一共有六個，但金日主和其他屬性不太一樣，是從日主就可以區分旺弱，其他的木火土水日主，則需要從本命搭配來判斷旺弱，這是金日主在特質上的不同。基本上，春夏的庚寅和庚午是屬於偏弱的金日主，而庚辰在中間還算調和，秋冬的庚申、庚戌和庚子則是偏旺的金日主。而通常越旺的金日主，或是運勢會讓金旺的搭配，個性特質都會比較明顯，相對在運勢上的起伏上也會比較大。在財運的分析方面則有些原則要注意，以下就針對庚日主的命盤，把運勢和財運現象一起做解說。

當庚日主在大運逢到春夏運，大概有百分之七十左右會是好財運運勢，但即使在好的十年大運裡，都還是有二到四個流年是不太理想的影響，還是要注意。

•如果大運逢到春夏運，且天干出甲乙木，那就是甲寅、乙卯、甲辰、乙巳、甲午、乙未，對金日主來說是金剋木的現象，因為財出天干，所以也代表財運容易不穩定，財來財去起伏較大，相當適合從事業務、自由業，或是老闆…等等財不穩定型的工作類型，屬於為了錢財而忙碌的類型，尤其是越旺的木大運會越明顯，而偏弱的庚日主財運現象也會比偏旺的穩定理想。如果流年再出現甲乙木，則流年財運方面容易有變動，容易因為錢財而有壓力或損失，尤其是旺的甲木，甲寅、甲辰、甲午、甲申；如果流年出現丙丁火出天干，則會感覺煩躁和壓力，財運方面還算穩定；如果流年逢遇到己土，則要小心會出現不理想的機會，或是出現小人，容易影響到工作財運；如果流年出現庚辛金，則明顯有劫財和人際變動，會有損或劫財，但是適合變動工作，尤其是出現旺的金，庚申、辛酉、庚戌、辛亥、庚子、辛丑，甚至有較意外的狀況。其他的的流年組合，都屬於還不錯的流年財運運勢。以下是六十干支流年組合的財運分數，提供為流年財運的參考：〈甲寅50〉〈乙卯55〉〈丙辰60〉〈丁巳50〉〈戊午65〉〈己未60〉〈庚申20〉〈辛酉30〉〈壬戌55〉〈癸亥60〉〈甲子45〉〈乙丑40〉〈丙寅55〉〈丁卯60〉〈戊辰70〉〈己巳60〉〈庚午45〉〈辛未50〉〈壬申70〉〈癸酉80〉〈甲戌40〉〈乙亥45〉〈丙子50〉〈丁丑55〉〈戊寅65〉〈己卯55〉〈庚辰35〉〈辛巳40〉〈壬午60〉〈癸未55〉〈甲申35〉〈乙酉40〉〈丙戌45〉〈丁亥50〉〈戊子55〉〈己丑50〉〈庚寅40〉〈辛卯45〉〈壬辰75〉〈癸巳70〉〈甲午55〉〈乙未60〉〈丙申50〉〈丁酉55〉〈戊戌60〉〈己亥55〉〈庚子25〉〈辛丑30〉〈壬寅70〉〈癸卯80〉〈甲辰45〉〈乙巳50〉〈丙午40〉〈丁未45〉〈戊申55〉〈己酉45〉〈庚戌30〉〈辛亥35〉〈壬子50〉〈癸丑60〉。

• 當庚日主在春夏運裡逢到丙丁火的大運，丙寅、丁卯、丙辰、丁巳、丙午、丁未，財運大方向會感覺有些壓力，但不至於影響到工作展現，忙碌辛苦難免，所以要注意健康問題，尤其是偏弱的金日主。如果流年出現甲乙木，則工作財運方面容易有變動，很適合變動工作，是屬於不穩定的財運現象，尤其是逢到旺的甲木，甲寅、甲辰、甲午和甲申，要小心投資方面的損失；如果流年逢遇到丙丁火年，明顯會感覺更有壓力和忙碌，尤其是偏弱的金日主，也要多小心健康和感情婚姻的問題，特別是遇到較旺的火流年，丁巳、丙午、丁未、丙申；如果流年出現壬癸水年，則要注意不動產方面的變動，其實適合買賣不動產，但要量力而為，否則會帶來壓力和財務狀況，尤其是較旺的水流年，像壬戌、癸亥及壬子、癸丑。而除了這些以外的其他屬性流年，都屬於穩定或不錯的流年財運。以下是六十干支流年組合的財運分數，提供為流年財運的參考：〈甲寅40〉〈乙卯45〉〈丙辰50〉〈丁巳45〉〈戊午55〉〈己未60〉

〈庚申35〉〈辛酉40〉〈壬戌45〉〈癸亥50〉〈甲子30〉〈乙丑40〉〈丙寅55〉

〈丁卯50〉〈戊辰75〉〈己巳65〉〈庚午40〉〈辛未45〉〈壬申65〉〈癸酉75〉

〈甲戌35〉〈乙亥40〉〈丙子50〉〈丁丑55〉〈戊寅65〉〈己卯60〉〈庚辰55〉

〈辛巳60〉〈壬午50〉〈癸未55〉〈甲申40〉〈乙酉45〉〈丙戌40〉〈丁亥50〉

〈戊子70〉〈己丑60〉〈庚寅45〉〈辛卯50〉〈壬辰65〉〈癸巳70〉〈甲午45〉

〈乙未50〉〈丙申45〉〈丁酉55〉〈戊戌65〉〈己亥60〉〈庚子50〉〈辛丑60〉

〈壬寅75〉〈癸卯70〉〈甲辰50〉〈乙巳55〉〈丙午40〉〈丁未50〉〈戊申75〉

〈己酉65〉〈庚戌40〉〈辛亥50〉〈壬子40〉〈癸丑45〉。

•當庚日主在大運走的是春夏運，而且是戊己出天干，戊寅、己卯、戊辰、己巳、戊午、己未，大方向代表穩定及有貴人的運勢現象，但越旺的土就會越不穩定一些。若逢遇到甲乙木出天干的流年，那明顯會是工作財運不穩定，很適合變動工作，但不建議投資，尤其是己土出天干的大運時，己卯、己巳和己未，且遇到是甲木出天干的流年，即甲寅、甲辰、甲午、甲申、甲戌和甲子，金剋木現象會比較大，財運變動也會較大較明顯。而除了木出天干的流年之外的其他流年組合，都屬於還不錯的流年財運運勢。以下是六十干支流年組合的財運分數，提供為流年財運的參考：

〈甲寅35〉〈乙卯45〉〈丙辰65〉〈丁巳55〉〈戊午50〉〈己未55〉〈庚申60〉
〈辛酉65〉〈壬戌55〉〈癸亥60〉〈甲子30〉〈乙丑40〉〈丙寅50〉〈丁卯55〉
〈戊辰70〉〈己巳60〉〈庚午55〉〈辛未70〉〈壬申80〉〈癸酉90〉〈甲戌35〉
〈乙亥40〉〈丙子55〉〈丁丑60〉〈戊寅75〉〈己卯65〉〈庚辰70〉〈辛巳60〉
〈壬午50〉〈癸未55〉〈甲申45〉〈乙酉50〉〈丙戌60〉〈丁亥65〉〈戊子70〉
〈己丑60〉〈庚寅55〉〈辛卯60〉〈壬辰75〉〈癸巳60〉〈甲午40〉〈乙未45〉

〈丙申65〉〈丁酉60〉〈戊戌65〉〈己亥60〉〈庚子65〉〈辛丑60〉〈壬寅70〉〈癸卯65〉〈甲辰45〉〈乙巳50〉〈丙午55〉〈丁未50〉〈戊申75〉〈己酉65〉〈庚戌55〉〈辛亥60〉〈壬子65〉〈癸丑60〉。

• 庚日主在春夏運逢到金出天干的大運，就是庚寅、辛卯、庚辰、辛巳、庚午、辛未，大方向是走人際的運勢，財運方面就很容易受到人際的影響，尤其是偏旺的日主會更不穩定。如果流年出現甲乙木，則容易出現劫財現象，也就是容易因為別人而有財務狀況或損失，但適合變動工作；如果流年出現旺的金，庚申、辛酉、庚戌、辛亥、庚子、辛丑，則要注意容易犯小人，也許對財運的影響並不大，不過容易因為別人而勞碌辛苦；如果流年逢遇到旺的水，壬戌、癸亥、壬子及癸丑，則在不動產方面容易不穩定，是適合買賣不動產的，但還是多少要小心注意。而除了前述流年組合，其他的流年組合都屬於還不錯的流年財運。以下是六十干支流年組合的財運分數，提供為流年財運的參考：〈甲寅40〉〈乙卯45〉〈丙辰40〉〈丁巳50〉〈戊午60〉〈己未65〉〈庚申35〉〈辛酉45〉〈壬戌60〉〈癸亥65〉〈甲子50〉〈乙丑45〉〈丙寅55〉〈丁卯60〉〈戊辰75〉〈己巳65〉

〈庚午55〉〈辛未60〉〈壬申80〉〈癸酉85〉〈甲戌40〉〈乙亥35〉〈丙子45〉〈丁丑50〉〈戊寅60〉〈己卯70〉〈庚辰50〉〈辛巳60〉〈壬午70〉〈癸未65〉〈甲申45〉〈乙酉40〉〈丙戌50〉〈丁亥45〉〈戊子55〉〈己丑60〉〈庚寅55〉〈辛卯60〉〈壬辰75〉〈癸巳70〉〈甲午35〉〈乙未30〉〈丙申40〉〈丁酉50〉〈戊戌65〉〈己亥55〉〈庚子40〉〈辛丑50〉〈壬寅65〉〈癸卯70〉〈甲辰45〉〈乙巳40〉〈丙午35〉〈丁未45〉〈戊申70〉〈己酉60〉〈庚戌45〉〈辛亥50〉〈壬子55〉〈癸丑50〉。

• 庚日主在春夏大運天干出壬癸水，是壬寅、癸卯、壬辰、癸巳、壬午、癸未，在財運方面屬於穩定，運勢方面還不錯，適合食傷生財的工作類型，也就是運用自己的專長和專業來賺錢，較不適合體力付出的工作，也很適合投資不動產。如果在流年出現較旺的木，像是甲辰、乙巳、甲午、乙未、甲申，在財運方面就要注意不穩定，投資方面就要小心注意，不過應該不至於太嚴重；如果流年出現較旺的丙丁火，在工作財運方面就會比較有壓力，也要注意健康問題；如果流年出現旺的水，像是壬申、壬戌、癸亥、壬子和癸丑，則在不動產方面容易有變動，適合買賣不動產，但不建議自做聰明，反而會造成大壓力。除了這些之外的其他屬性組合的流年，都屬於不錯的流年財運。以下是六十干支流年組合的財運分數，提供為流年財運的參考：〈甲寅40〉〈乙卯45〉〈丙辰40〉〈丁巳45〉〈戊午35〉〈己未40〉〈庚申55〉〈辛酉60〉〈壬戌50〉〈癸亥55〉〈甲子35〉〈乙丑40〉〈丙寅45〉〈丁卯50〉〈戊辰55〉〈己巳50〉〈庚午60〉〈辛未55〉〈壬申75〉〈癸酉80〉〈甲戌40〉〈乙亥45〉〈丙子50〉〈丁丑45〉〈戊寅60〉〈己卯55〉〈庚辰70〉〈辛巳65〉〈壬午70〉〈癸未75〉〈甲申45〉〈乙酉50〉〈丙戌40〉〈丁亥45〉〈戊子55〉〈己丑60〉〈庚寅60〉〈辛卯55〉〈壬辰80〉〈癸巳85〉〈甲午35〉〈乙未30〉〈丙申45〉〈丁酉40〉〈戊戌50〉〈己亥45〉〈庚子75〉〈辛丑70〉〈壬寅65〉〈癸卯70〉〈甲辰45〉〈乙巳50〉〈丙午35〉〈丁未40〉〈戊申45〉〈己酉55〉〈庚戌65〉〈辛亥70〉〈壬子60〉〈癸丑65〉。

當庚日主走秋冬運，雖然秋天的金會比較旺盛，但是還是要看個人的工作職業選擇，還有投資理財的規劃，才能判斷財運好壞。

・如果大運出現的是甲乙木出天干，甲申、乙酉、甲戌、乙亥、甲子、乙丑，其實是在

秋冬運裡屬於不理想的運勢，因為財出天干，也代表工作財運會不穩定，尤其是較旺的金日主，而且也不建議自己創業，容易是損失的財運運勢。如果流年出現甲乙木，則真的明顯是工作財運的變動，適合變換工作但不建議投資，因為這樣的搭配在錢財方面壓力會較大，也比較是不理想的現象，尤其是偏旺的金日主；如果流年出現旺的丙丁火，像是丁巳、丙午、丁未和丙申，則要注意因為壓力而產生的變動，進而影響到財運，很容易是逼不得已的壓力現象；如果流年出現庚辛金出天干，那就是劫財的流年，容易因為人際而發生工作財運變動，財運狀況並不理想，要小心損失但適合變動工作，尤其是逢遇到旺的金，庚申、辛酉、庚戌、辛亥、庚子和辛丑；如果流年出現旺水，壬申、壬戌、癸亥、癸丑，則容易出現遷移或搬家。其他的流年組合，都會是普通的財運運勢。以下是六十干支流年組合的財運分數，提供為流年財運的參考：

〈甲寅40〉〈乙卯45〉〈丙辰50〉〈丁巳45〉〈戊午70〉〈己未55〉〈庚申20〉
〈辛酉15〉〈壬戌50〉〈癸亥60〉〈甲子30〉〈乙丑25〉〈丙寅45〉〈丁卯50〉
〈戊辰65〉〈己巳55〉〈庚午45〉〈辛未40〉〈壬申70〉〈癸酉80〉〈甲戌35〉
〈乙亥30〉〈丙子50〉〈丁丑45〉〈戊寅60〉〈己卯50〉〈庚辰35〉〈辛巳30〉
〈壬午65〉〈癸未70〉〈甲申40〉〈乙酉30〉〈丙戌45〉〈丁亥50〉〈戊子55〉

〈己丑45〉〈庚寅40〉〈辛卯35〉〈壬辰75〉〈癸巳70〉〈甲午30〉〈乙未35〉〈丙申40〉〈丁酉45〉〈戊戌60〉〈己亥40〉〈庚子25〉〈辛丑20〉〈壬寅60〉〈癸卯65〉〈甲辰45〉〈乙巳40〉〈丙午35〉〈丁未40〉〈戊申65〉〈己酉45〉〈庚戌30〉〈辛亥20〉〈壬子40〉〈癸丑50〉。

• 當庚日主走秋冬運，大運出現的是天干丙丁的火運，丙申、丁酉、丙戌、丁亥、丙子和丁丑，會是屬於有壓力的運勢現象，火運也會間接的影響到工作財運不穩定，建議多學習沉住氣，盡量維持穩定保守，才會有理想的財運運勢。如果流年出現甲乙木，則在工作財運方面容易變動，適合變換工作但不建議投資，要注意到財務損失，尤其是偏旺的金日主；如果流年出現丙丁火，則要注意因為壓力而產生的變動，很容易是臨時或較意外的變動現象，也要注意到健康及感情婚姻方面；如果流年出現庚辛金出天干，那要注意出現小人，不宜合夥或借貸，容易因為人際而發生工作財運損失，尤其是逢遇到旺的金，庚申、辛酉、庚戌、辛亥、庚子和辛丑；如果流年出現旺水，壬申、壬戌、癸亥、癸丑，則容易出現較不預期的狀況，也要小心糾紛或官司問題。而其他的流年組合，都會是不錯的財運運勢。以下是六十干支

流年組合的財運分數，提供為流年財運的參考：〈甲寅40〉〈乙卯45〉〈丙辰40〉〈丁巳45〉〈戊午60〉〈己未65〉〈庚申40〉〈辛酉45〉〈壬戌50〉〈癸亥55〉〈甲子25〉〈乙丑30〉〈丙寅45〉〈丁卯50〉〈戊辰70〉〈己巳60〉〈庚午40〉〈辛未45〉〈壬申55〉〈癸酉65〉〈甲戌35〉〈乙亥30〉〈丙子50〉〈丁丑55〉〈戊寅65〉〈己卯55〉〈庚辰50〉〈辛巳45〉〈壬午60〉〈癸未65〉〈甲申40〉〈乙酉35〉〈丙戌45〉〈丁亥50〉〈戊子60〉〈己丑50〉〈庚寅45〉〈辛卯50〉〈壬辰70〉〈癸巳65〉〈甲午30〉〈乙未40〉〈丙申35〉〈丁酉40〉〈戊戌65〉〈己亥50〉〈庚子40〉〈辛丑35〉〈壬寅55〉〈癸卯60〉〈甲辰45〉〈乙巳40〉〈丙午30〉〈丁未35〉〈戊申75〉〈己酉65〉〈庚戌45〉〈辛亥50〉〈壬子40〉〈癸丑45〉。

・當庚日主走秋冬運，大運是戊己出天干，戊申、己酉、戊戌、己亥、戊子、己丑，大方向是屬於穩定的財運運勢，會是相當有貴人的運勢，可以投資創業，也適合長期穩定的理財方式。如果流年出現甲乙木，則在工作財運方面容易變動，適合變換工作但不建議投資，尤其是甲木的流年；如果流年出現戊己土出天干，則容易出現不如預期的機會，在投資方面要量力而為及慎選，否則容易會有後悔及損失的狀況；如果流年出現旺水，壬申、壬戌、壬子、癸亥、癸丑，則容易感覺有壓力和阻礙，心裡的煩躁會比較明顯，但適合買賣不動產。其他的流年則屬於不錯的運勢現象。以下是六十干支流年組合的財運分數，提供為流年財運的參考：〈甲寅40〉〈乙卯45〉〈丙辰50〉〈丁巳45〉〈戊午55〉〈己未50〉〈庚申40〉〈辛酉50〉〈壬戌65〉〈癸亥60〉〈甲子35〉〈乙丑40〉〈丙寅50〉〈丁卯45〉〈戊辰65〉〈己巳60〉〈庚午50〉〈辛未60〉〈壬申80〉〈癸酉90〉〈甲戌40〉〈乙亥45〉〈丙子55〉〈丁丑60〉〈戊寅70〉〈己卯65〉〈庚辰55〉〈辛巳60〉〈壬午65〉〈癸未70〉〈甲申45〉〈乙酉40〉〈丙戌45〉〈丁亥55〉〈戊子60〉〈己丑55〉〈庚寅50〉〈辛卯55〉〈壬辰75〉〈癸巳70〉〈甲午30〉〈乙未35〉〈丙申45〉〈丁酉50〉〈戊戌65〉〈己亥60〉〈庚子45〉〈辛丑50〉〈壬寅70〉〈癸卯65〉〈甲辰45〉〈乙巳40〉〈丙午50〉〈丁未40〉〈戊申70〉〈己酉60〉〈庚戌50〉〈辛亥55〉〈壬子60〉〈癸丑55〉。

・當庚日主走秋冬運，大運出現的是庚辛金出天干，也就是庚申、辛酉、庚戌、辛

亥、庚子、辛丑，很明顯的是人際的運勢現象，也是不穩定的財運運勢，要注意因人際影響到工作財運。如果流年天干出現甲乙木，則大部分都是不理想的運勢，非常容易出現變動或損失，尤其是甲木出天干的流年；如果流年出現丙丁火流年，則容易會犯小人或煩躁；如果流年出現旺的壬癸水，壬戌、癸亥、壬子、癸丑，會出現預期之外的變動，但適合搬遷和變動工作。其他的流年組合的財運都不錯，可以把握。以下是六十干支流年組合的財運分數，提供為流年財運的參考：〈甲寅30〉

〈乙卯40〉〈丙辰50〉〈丁巳45〉〈戊午70〉〈己未60〉〈庚申50〉〈辛酉55〉
〈壬戌65〉〈癸亥70〉〈甲子25〉〈乙丑20〉〈丙寅40〉〈丁卯45〉〈戊辰75〉
〈己巳65〉〈庚午55〉〈辛未60〉〈壬申75〉〈癸酉85〉〈甲戌30〉〈乙亥25〉
〈丙子45〉〈丁丑50〉〈戊寅65〉〈己卯55〉〈庚辰60〉〈辛巳65〉〈壬午70〉
〈癸未75〉〈甲申35〉〈乙酉30〉〈丙戌40〉〈丁亥45〉〈戊子60〉〈己丑50〉
〈庚寅55〉〈辛卯50〉〈壬辰80〉〈癸巳75〉〈甲午25〉〈乙未35〉〈丙申50〉
〈丁酉55〉〈戊戌65〉〈己亥60〉〈庚子50〉〈辛丑60〉〈壬寅65〉〈癸卯70〉
〈甲辰40〉〈乙巳35〉〈丙午40〉〈丁未50〉〈戊申75〉〈己酉65〉〈庚戌45〉
〈辛亥55〉〈壬子60〉〈癸丑65〉。

•當庚日主走秋冬運，大運出現壬癸水出天干，即壬申、癸酉、壬戌、癸亥、壬子、癸丑，適合從事專長或專業的工作，也很適合從事美術或體育的專業，很能發揮自己也能有展現，但要注意偏弱的庚金日主，即庚寅和庚午日主，容易會有情緒及精神方面的狀況，要注意到壓力和情緒的轉移，即個性想法上的調適。如果流年甲乙木出天干，則要注意到工作財運的變動，或是較意外的狀況；如果流年出現弱的火，像是丁酉、丙戌、丁亥、丙子和丁丑，則要注意因壓力產生的情緒反彈；如果流年出現弱己土，則要注意房地產方面的變動，適合買賣；如果流年出現壬癸水，則要注意到健康或婚姻方面的變動，還有情緒或精神方面的問題，但適合遷移或到遠方工作。除了這些之外其他的流年組合，都會屬於不錯的運勢。以下是六十干支流年組合的財運分數，提供為流年財運的參考：〈甲寅40〉〈乙卯45〉〈丙辰65〉

〈丁巳60〉〈戊午80〉〈己未70〉〈庚申50〉〈辛酉55〉〈壬戌50〉〈癸亥55〉

〈甲子35〉〈乙丑25〉〈丙寅45〉〈丁卯40〉〈戊辰70〉〈己巳75〉〈庚午60〉

〈辛未50〉〈壬申55〉〈癸酉60〉〈甲戌35〉〈乙亥30〉〈丙子40〉〈丁丑35〉

〈戊寅60〉〈己卯40〉〈庚辰65〉〈辛巳70〉〈壬午80〉〈癸未85〉〈甲申40〉

〈乙酉35〉〈丙戌45〉〈丁亥45〉〈戊子55〉〈己丑50〉〈庚寅60〉〈辛卯65〉

〈壬辰75〉〈癸巳80〉〈甲午50〉〈乙未45〉〈丙申55〉〈丁酉60〉〈戊戌65〉
〈己亥45〉〈庚子55〉〈辛丑60〉〈壬寅70〉〈癸卯75〉〈甲辰45〉〈乙巳50〉
〈丙午60〉〈丁未65〉〈戊申75〉〈己酉50〉〈庚戌55〉〈辛亥60〉〈壬子45〉
〈癸丑55〉。

《庚日主範例與詳細解說》：

此範例為男命庚日主的庚子日，生於戊申年的丁巳月，如果要從八字本命來看此人個性，相當有庚日主的個性特質，因為八字日主庚子和搭配都偏旺，所以此人是屬於大方且有魄力的類型，會比較不管別人，也相當的自信自我。而在財運方面，此人的大運是二歲起運走戊午運，是戊土出天干的夏運，因為夏土是非常燥熱非常旺的厚土，代表從小的家運財運雖然有壓力，但卻是不錯的現象，至少此人會相當受寵，生活無虞。而十二歲開始換己未運，大方向和戊午差不多，但是更旺的土，所以財運現象是穩定成長，即使很忙碌很有壓力，但卻會是往更好的方向走。

二十二換庚申運，是秋天的旺金，是屬於人際不穩定的大運，財運運勢很容易受到人際影響，也可以說財運很容易不穩定。二十五歲壬申和二十六歲癸酉年，出現相當旺的水

八字本命	虛年歲限	四柱干支
年柱	1至15歲	戊申
月柱	16至30歲	丁巳
日柱（日主）	31至45歲	庚子
時柱	46歲之後	丙戌

大運 虛年歲限	干支
2歲至11歲	戊午
12歲至21歲	己未
22歲至31歲	庚申
32歲至41歲	辛酉
42歲至51歲	壬戌
52歲至61歲	癸亥

流年 虛歲	干支	虛歲	干支
1 +60	戊申	31	戊寅
2	己酉	32	己卯
3	庚戌	33	庚辰
4	辛亥	34	辛巳
5	壬子	35	壬午
6	癸丑	36	癸未
7	甲寅	37	甲申
8	乙卯	38	乙酉
9	丙辰	39	丙戌
10	丁巳	40	丁亥
11	戊午	41	戊子
12	己未	42	己丑
13	庚申	43	庚寅
14	辛酉	44	辛卯
15	壬戌	45	壬辰
16	癸亥	46	癸巳
17	甲子	47	甲午
18	乙丑	48	乙未
19	丙寅	49	丙申
20	丁卯	50	丁酉
21	戊辰	51	戊戌
22	己巳	52	己亥
23	庚午	53	庚子
24	辛未	54	辛丑
25	壬申	55	壬寅
26	癸酉	56	癸卯
27	甲戌	57	甲辰
28	乙亥	58	乙巳
29	丙子	59	丙午
30	丁丑	60	丁未

年，所以對庚旺的日主來說，其實運勢相當不錯，尤其是不動產方面，而也很適合遷移搬家，以及繼續學習進修，流年財運也很不錯；二十七歲甲戌和二十八歲乙亥年，逢遇到較弱的木，甲乙財出天干，加上大運又是過旺的比肩劫財，所以明顯出現不理想的現象，尤其是在工作事業或感情方面要注意因為人際而有損失發生，不過很適合變動工作；二十九歲丙子和三十歲丁丑年，弱火出天干，財運方面還算普通但有些壓力；三十一歲戊寅年，戊土出天干的流年，運勢還不錯有貴人運，可以把握。

三十二歲換辛酉大運，運勢現象和庚申差不多，都是屬於人際不穩定的現象，財運也容易受人際變動而影響，但會比庚申運理想些。三十二歲己卯年，己土出天干的流年，看起來會有工作財運的機會，是屬於有貴人的運勢；三十三歲庚辰和三十四歲辛巳年，是比劫庚辛出天干，明顯會有人際方面的變動，甚至影響到工作財運，但對財運並不大也不糟，就是會有些變動；三十五歲壬午和三十六歲癸未，逢遇到弱的夏水，對庚日主來說還不錯，代表很有想法和企圖心，在房地產方面也相當好，可以把握；三十七歲甲申和三十八歲乙酉年，逢遇到偏弱的秋木，加上大運的辛酉也是金，所以明顯有劫財的現象，容易出現較意外的狀況，要多注意投資或工作方面的變動，甚至是健康狀況不理想；三十九歲丙戌和四十歲丁亥年，秋火屬於不穩定，對庚日主來說會感覺到煩躁和壓力，但對財運影響不大，只是會忙碌些。

四十二歲換壬戌大運，是水相當旺的運勢，對庚日主來說會感覺相當自在，在不動產方面也會有不錯的收穫，相當適合從事專業型的工作，也可以投資獲利，但財運方面可以有所累積，但要注意健康方面的不穩定。四十二歲己丑年，逢遇到相當弱的己土，加上大運壬戌的水過旺，所以己土就會有潰散的現象，代表容易因為房地產或投資而出現不順，感覺比較沒貴人且倒楣，但對財運影響不大；四十三歲庚寅和四十四歲辛卯，屬於弱的金流年，雖然人際方面容易有變動，但對財運影響不大；四十五歲壬辰和四十六歲癸巳流年，出現水弱的流年，而因為大運是相當旺的水，所以要注意在投資或房地產方面的變動，甚至是健康方面的狀況，但很適合搬遷，在財運方面還算穩定；四十七歲甲午和四十八歲乙未年，出現很旺的木流年，對庚日主來說在工作財運方面明顯會變動，容易出現損失和意外狀況，建議維持穩定和保守；四十九歲丙申和五十歲丁酉年，對庚日主來說容易出現壓力，要注意官司或健康方面的問題。

五十二歲換癸亥大運，和壬戌一樣是水相當旺的大運，大方向也會差不多，但會比較穩定，在不動產方面會不錯，不過要注意健康方面的問題。五十九歲丙午和六十歲丁未年，流年出現過旺的火，而大運是相當旺的水，所以明顯會出現水火不穩定，在這兩年要注意健康的問題，財運則還不錯。

而在流年財運的分數部分，此範例的一生流年財運如下：

• 虛歲十二歲到二十一歲走己未運，是己土出天干的夏運，則流年財運分數為：
〈己未55〉〈庚申60〉〈辛酉65〉〈壬戌55〉〈癸亥60〉〈甲子30〉〈乙丑40〉
〈丙寅50〉〈丁卯55〉〈戊辰70〉；

• 虛歲二十二歲到三十一歲走庚申運，是庚金出天干的秋運，則流年財運分數為：
〈己巳65〉〈庚午55〉〈辛未60〉〈壬申75〉〈癸酉85〉〈甲戌30〉〈乙亥25〉
〈丙子45〉〈丁丑50〉〈戊寅65〉；

・虛歲三十二歲到四十一歲走辛酉運，是辛金出天干的秋運，則流年財運分數為：〈己卯55〉〈庚辰60〉〈辛巳65〉〈壬午70〉〈癸未75〉〈甲申35〉〈乙酉30〉〈丙戌40〉〈丁亥45〉〈戊子60〉；

・虛歲四十二歲到五十一歲走壬戌運，是壬水出天干的秋運，則流年財運分數為：〈己丑50〉〈庚寅60〉〈辛卯65〉〈壬辰75〉〈癸巳80〉〈甲午50〉〈乙未45〉〈丙申55〉〈丁酉60〉〈戊戌65〉；

・虛歲五十二歲到六十一歲走癸亥運，是癸水出天干的冬運，則流年財運分數為：〈己亥45〉〈庚子55〉〈辛丑60〉〈壬寅70〉〈癸卯75〉〈甲辰45〉〈乙巳50〉〈丙午60〉〈丁未65〉〈戊申75〉。

8、辛日主（辛卯、辛巳、辛未、辛酉、辛亥、辛丑）：

《財運詳細解說》：

辛日主一共有六個，但金日主和其他屬性不太一樣，是從日主就可以區分旺弱，其他的木火土水日主，則需要從本命搭配來判斷旺弱，這是金日主在特質上的不同。基本上，春夏的辛卯、辛巳和辛未是屬於偏弱的金日主，秋冬的辛酉、辛亥和辛丑則是偏旺的金日主。而通常越旺的金日主，或是運勢會讓金旺的搭配，個性特質都會比較明顯，相對在運勢上的起伏上也會比較大。在財運的分析方面則有些原則要注意，以下就針對辛日主的命盤，把運勢和財運現象一起做解說。

當辛日主在大運逢到春夏運，大概有百分之八十以上會是好財運運勢，但即使在好的十年大運裡，都還是有二到四個流年是不太理想的影響，還是要注意。

- 如果大運逢到春夏運，且天干出甲乙木，甲寅、乙卯、甲辰、乙巳、甲午、乙未，對辛日主來說是金剋木的現象，因為財出天干，所以也代表財運容易不穩定，財來財去起伏較大，相當適合從事業務、自由業，或創業…等等財不穩定型的工作類型，屬於為了錢財而忙碌的類型，尤其是越旺的木大運會越明顯，而偏弱的辛日主財運現象也會比偏旺辛日主理想。如果流年再出現甲乙木，則流年財運方面容易有變動，容易因為錢財而有壓力，但弱的辛日主財運會不錯；如果流年出現丙丁火出天干，則會感覺煩躁和壓力，財運方面還算穩定，但要注意健康問題；如果流年逢遇到己土，則要小心會出現不理想的投資機會或小人，會影響到工作財運；如果流

年出現庚辛金，則明顯有劫財和人際變動，容易有損失或劫財，但是適合變動工作，尤其是出現旺的金，庚申、辛酉、庚戌、辛亥、庚子、辛丑，甚至容易有較意外的狀況。其他的流年組合，都屬於還不錯的流年財運運勢。以下是六十干支流年組合的財運分數，提供為流年財運的參考：〈甲寅40〉〈乙卯35〉〈丙辰45〉〈丁巳40〉〈戊午50〉〈己未45〉〈庚申20〉〈辛酉30〉〈壬戌65〉〈癸亥70〉〈甲子35〉〈乙丑40〉〈丙寅50〉〈丁卯55〉〈戊辰65〉〈己巳55〉〈庚午45〉〈辛未40〉〈壬申70〉〈癸酉80〉〈甲戌40〉〈乙亥35〉〈丙子45〉〈丁丑50〉〈戊寅60〉〈己卯50〉〈庚辰35〉〈辛巳40〉〈壬午60〉〈癸未65〉〈甲申45〉〈乙酉35〉〈丙戌45〉〈丁亥50〉〈戊子55〉〈己丑45〉〈庚寅40〉〈辛卯45〉〈壬辰75〉〈癸巳65〉〈甲午50〉〈乙未45〉〈丙申40〉〈丁酉45〉〈戊戌60〉〈己亥50〉〈庚子25〉〈辛丑35〉〈壬寅70〉〈癸卯75〉〈甲辰45〉〈乙巳40〉〈丙午35〉〈丁未40〉〈戊申65〉〈己酉55〉〈庚戌30〉〈辛亥35〉〈壬子60〉〈癸丑70〉。

• 當辛日主在春夏運裡逢到丙丁火的大運，丙寅、丁卯、丙辰、丁巳、丙午、丁未，財運大方向會感覺有些壓力，但不至於影響到工作展現，會感覺忙碌辛苦，而且也要注意健康問題，及情緒起伏和精神狀況，尤其是偏弱的辛日主。如果流年出現甲乙木，則工作財運方面容易有變動，很適合變動工作，若是逢到旺的甲木、甲寅、甲辰、甲午和甲申，對弱的辛日主來說財運不錯，但旺的辛日主則要小心投資方面的損失；如果流年逢遇到內丁火年，明顯會感覺壓力和忙碌，尤其是偏弱的金日主，也要注意健康和感情婚姻的問題；如果流年出現壬癸水年，在不動產方面會有不錯的收穫，但投資要量力而為，否則會帶來壓力和煩躁，尤其是較旺的水流年。而除了這些以外的其他屬性流年，都屬於穩定或不錯的流年財運。以下是六十干支流年組合的財運分數，提供為流年財運的參考：〈甲寅40〉〈乙卯45〉〈丙辰40〉

〈丁巳35〉〈戊午50〉〈己未45〉〈庚申50〉〈辛酉60〉〈壬戌55〉〈癸亥60〉

〈甲子30〉〈乙丑35〉〈丙寅50〉〈丁卯55〉〈戊辰65〉〈己巳60〉〈庚午40〉

〈辛未35〉〈壬申60〉〈癸酉70〉〈甲戌35〉〈乙亥40〉〈丙子45〉〈丁丑50〉

〈戊寅60〉〈己卯65〉〈庚辰55〉〈辛巳40〉〈壬午45〉〈癸未40〉〈甲申45〉

〈乙酉40〉〈丙戌35〉〈丁亥45〉〈戊子55〉〈己丑60〉〈庚寅50〉〈辛卯40〉

〈壬辰65〉〈癸巳45〉〈甲午30〉〈乙未40〉〈丙申35〉〈丁酉45〉〈戊戌60〉

〈己亥55〉〈庚子40〉〈辛丑45〉〈壬寅50〉〈癸卯55〉〈甲辰45〉〈乙巳50〉〈丙午30〉〈丁未35〉〈戊申65〉〈己酉60〉〈庚戌55〉〈辛亥50〉〈壬子40〉〈癸丑50〉。

• 當辛日主在大運走的是春夏運，而且是戊己出天干，戊寅、己卯、戊辰、己巳、戊午、己未，大方向代表穩定及有貴人的運勢現象，但越旺的土就會讓辛日主感覺有壓力。若逢遇到甲乙木出天干的流年，那會有工作財運的不穩定，很適合變動工作，但不建議投資，尤其是己土出天干的大運時，己卯、己巳和己未；如果流年出現丙丁火，則要注意健康或感情婚姻問題影響到工作財運，尤其是旺的火年；如果流年出現旺的水，像是壬申、壬戌、癸亥、壬子和癸丑，要注意不動產方面的變動，但適合搬遷。而除了上述的流年之外的流年組合，都屬於還不錯的流年財運運勢。以下是六十干支流年組合的財運分數，提供為流年財運的參考：〈甲寅45〉〈乙卯50〉〈丙辰55〉〈丁巳45〉〈戊午55〉〈己未50〉〈庚申60〉〈辛酉65〉〈壬戌70〉〈癸亥60〉〈甲子30〉〈乙丑35〉〈丙寅60〉〈丁卯55〉〈戊辰70〉〈己巳55〉〈庚午60〉〈辛未55〉〈壬申80〉〈癸酉75〉〈甲戌35〉〈乙亥40〉

〈丙子50〉〈丁丑55〉〈戊寅65〉〈己卯60〉〈庚辰70〉〈辛巳65〉〈壬午45〉〈癸未50〉〈甲申40〉〈乙酉45〉〈丙戌55〉〈丁亥60〉〈戊子70〉〈己丑60〉〈庚寅65〉〈辛卯70〉〈壬辰65〉〈癸巳60〉〈甲午55〉〈乙未50〉〈丙申45〉〈丁酉50〉〈戊戌60〉〈己亥55〉〈庚子75〉〈辛丑80〉〈壬寅70〉〈癸卯65〉〈甲辰50〉〈乙巳55〉〈丙午40〉〈丁未45〉〈戊申65〉〈己酉70〉〈庚戌65〉〈辛亥70〉〈壬子75〉〈癸丑70〉。

• 辛日主在春夏運逢到金出天干的大運，就是庚寅、辛卯、庚辰、辛巳、庚午、辛未，大方向是走人際的運勢，財運方面就很容易受到人際的影響，尤其是偏弱辛的日主會更不穩定。如果流年出現甲乙木，則容易出現劫財現象，也就是容易因為別人而有財務狀況或損失，但適合變動工作；如果流年天干出現庚辛金，則要注意容易犯小人，也許對財運的影響並不大，不過容易勞碌煩躁；如果流年逢遇到旺的水，壬戌、癸亥、壬子及癸丑，則在不動產方面容易不穩定，適合買賣不動產，但還是要量力而為。而除了前述流年組合，其他的流年都屬於還不錯的流年財運。以下是六十干支流年組合的財運分數，提供為流年財運的參考：〈甲寅40〉〈乙卯45〉〈丙辰50〉

〈丁巳45〉〈戊午50〉〈己未55〉〈庚申40〉〈辛酉50〉〈壬戌65〉〈癸亥70〉〈甲子25〉〈乙丑20〉〈丙寅45〉〈丁卯50〉〈戊辰75〉〈己巳65〉〈庚午55〉〈辛未50〉〈壬申80〉〈癸酉90〉〈甲戌30〉〈乙亥25〉〈丙子45〉〈丁丑50〉〈戊寅65〉〈己卯60〉〈庚辰50〉〈辛巳45〉〈壬午65〉〈癸未60〉〈甲申35〉〈乙酉30〉〈丙戌40〉〈丁亥45〉〈戊子60〉〈己丑65〉〈庚寅55〉〈辛卯50〉〈壬辰75〉〈癸巳65〉〈甲午40〉〈乙未45〉〈丙申40〉〈丁酉45〉〈戊戌65〉〈己亥60〉〈庚子50〉〈辛丑45〉〈壬寅70〉〈癸卯75〉〈甲辰45〉〈乙巳40〉〈丙午35〉〈丁未40〉〈戊申70〉〈己酉65〉〈庚戌55〉〈辛亥60〉〈壬子65〉〈癸丑70〉。

• 辛日主在春夏大運天干出壬癸水，是壬寅、癸卯、壬辰、癸巳、壬午、癸未，在財運方面屬於不錯，適合食傷生財的工作類型，也就是運用自己的專長和專業來賺錢，比較不適合出勞力的工作，但也很適合投資不動產。如果在流年出現甲乙木出天干，在財運方面就要小心不穩定，投資方面容易有損失，不過適合變動工作；如果流年出現較旺的丙丁火，像是丁巳、丙午、丁未和丙申，在工作財運方面就會比較有壓力，也要注意健康問題；如果流年出現壬癸水出天干，則在不動產方面容易有變動，適合買賣不動產，弱的辛日主會不錯。上述之外其他屬性組合的流年，都屬於不錯的流年財運。以下是六十干支流年組合的財運分數，提供為流年財運的參考：〈甲寅50〉
〈乙卯55〉〈丙辰45〉〈丁巳40〉〈戊午50〉〈己未45〉〈庚申60〉〈辛酉70〉
〈壬戌65〉〈癸亥70〉〈甲子40〉〈乙丑45〉〈丙寅40〉〈丁卯50〉〈戊辰55〉
〈己巳50〉〈庚午55〉〈辛未50〉〈壬申65〉〈癸酉75〉〈甲戌45〉〈乙亥50〉
〈丙子40〉〈丁丑45〉〈戊寅60〉〈己卯65〉〈庚辰75〉〈辛巳70〉〈壬午80〉
〈癸未85〉〈甲申55〉〈乙酉50〉〈丙戌45〉〈丁亥40〉〈戊子50〉〈己丑45〉
〈庚寅65〉〈辛卯70〉〈壬辰85〉〈癸巳90〉〈甲午60〉〈乙未65〉〈丙申50〉
〈丁酉45〉〈戊戌40〉〈己亥50〉〈庚子60〉〈辛丑65〉〈壬寅75〉〈癸卯80〉
〈甲辰55〉〈乙巳60〉〈丙午40〉〈丁未35〉〈戊申45〉〈己酉50〉〈庚戌70〉
〈辛亥65〉〈壬子60〉〈癸丑65〉。

‧當辛日主走秋冬運，秋天的金會比較旺盛，但是還是要看個人的工作職業選擇，還有投資理財的規劃，才能判斷財運好壞。如果大運出現的是甲乙木出天干，甲申、

乙酉、甲戌、乙亥、甲子、乙丑，其實是在秋冬運裡屬於不理想的運勢，因為財出天干，也代表工作財運容易不穩定，尤其是較旺的辛日主，建議維持穩定的理財方式。如果流年出現甲乙木，明顯工作財運變動，適合變換工作，也可以投資但要注意錢財方面的壓力，所以要量力而為，尤其是偏旺的辛日主；如果流年出現旺的丙丁火，像是丁巳、丙午、丁未和丙申，則要注意因為壓力而影響到財運，很容易是逼不得已的現象；如果流年出現庚辛金出天干，那就是劫財的流年，容易因為人際而發生工作財運變動，財運狀況並不理想，要小心損失，但適合變動工作；如果流年出現旺水，壬申、壬戌、癸亥、癸丑，則容易出現遷移或搬家。剩下其他的流年組合，都會是普通的財運運勢。以下是六十干支流年組合的財運分數，提供為流年財運的參考：

〈甲寅40〉〈乙卯45〉〈丙辰35〉〈丁巳40〉〈戊午50〉〈己未55〉〈庚申30〉
〈辛酉40〉〈壬戌50〉〈癸亥55〉〈甲子35〉〈乙丑30〉〈丙寅55〉〈丁卯50〉
〈戊辰65〉〈己巳60〉〈庚午40〉〈辛未45〉〈壬申55〉〈癸酉60〉〈甲戌40〉
〈乙亥35〉〈丙子50〉〈丁丑55〉〈戊寅60〉〈己卯50〉〈庚辰35〉〈辛巳30〉
〈壬午60〉〈癸未65〉〈甲申45〉〈乙酉40〉〈丙戌45〉〈丁亥50〉〈戊子45〉
〈己丑40〉〈庚寅45〉〈辛卯50〉〈壬辰70〉〈癸巳65〉〈甲午35〉〈乙未45〉

〈丙申35〉〈丁酉45〉〈戊戌50〉〈己亥40〉〈庚子20〉〈辛丑25〉〈壬寅65〉
〈癸卯70〉〈甲辰45〉〈乙巳40〉〈丙午30〉〈丁未35〉〈戊申55〉〈己酉45〉
〈庚戌35〉〈辛亥30〉〈壬子40〉〈癸丑50〉。

・當辛日主走秋冬運，大運出現的是天干丙丁的火運，丙申、丁酉、丙戌、丁亥、丙子和丁丑，會是屬於有壓力的運勢現象，要注意情緒和精神方面的狀況，神經質容易做錯決定，建議多學習沉住氣，盡量維持穩定保守。如果流年出現甲乙木，則在工作財運方面容易變動，適合變換工作但不建議投資，要注意到財務損失；如果流年出現丙丁火，則要注意因為壓力而產生的變動，很容易是臨時或較意外的變動現象，也要注意到健康及感情婚姻方面；如果流年出現旺水，壬申、壬戌、癸亥、癸丑，則容易出現較不預期的狀況，也要小心糾紛或官司問題。而其他的流年組合，都會是不錯的財運運勢。以下是六十干支流年組合的財運分數，提供為流年財運的參考：

〈甲寅40〉〈乙卯45〉〈丙辰40〉〈丁巳35〉〈戊午65〉〈己未70〉〈庚申40〉
〈辛酉50〉〈壬戌45〉〈癸亥50〉〈甲子30〉〈乙丑35〉〈丙寅50〉〈丁卯55〉
〈戊辰70〉〈己巳65〉〈庚午35〉〈辛未40〉〈壬申50〉〈癸酉60〉〈甲戌35〉

〈乙亥30〉〈丙子45〉〈丁丑50〉〈戊寅65〉〈己卯70〉〈庚辰50〉〈辛巳45〉〈壬午55〉〈癸未50〉〈甲申40〉〈乙酉35〉〈丙戌30〉〈丁亥40〉〈戊子50〉〈己丑55〉〈庚寅60〉〈辛卯50〉〈壬辰65〉〈癸巳55〉〈甲午35〉〈乙未45〉〈丙申40〉〈丁酉45〉〈戊戌60〉〈己亥50〉〈庚子40〉〈辛丑45〉〈壬寅60〉〈癸卯65〉〈甲辰45〉〈乙巳50〉〈丙午25〉〈丁未30〉〈戊申70〉〈己酉60〉〈庚戌45〉〈辛亥40〉〈壬子35〉〈癸丑40〉。

• 當辛日主走秋冬運，大運是戊己出天干，戊申、己酉、戊戌、己亥、戊子、己丑，大方向是屬於穩定的財運運勢，會是有貴人的運勢，可以投資，也適合長期穩定的理財方式。如果流年出現甲乙木，則在工作財運方面容易變動，適合變換工作但投資要多保守，尤其是甲木的流年；如果流年出現戊己土出天干，則容易感覺有壓力和煩躁，不至於影響財運但要注意健康；如果流年出現旺水，則適合投資不動產，但水弱的流年，癸卯、壬辰、癸巳、壬午、癸未，就要注意不理想的投資。其他的流年則屬於不錯的財運運勢。以下是六十干支流年組合的財運分數，提供為流年財運的參考：〈甲寅40〉〈乙卯45〉〈丙辰40〉〈丁巳35〉〈戊午55〉〈己未60〉

〈庚申55〉〈辛酉65〉〈壬戌60〉〈癸亥55〉〈甲子35〉〈乙丑30〉〈丙寅55〉〈丁卯50〉〈戊辰80〉〈己巳70〉〈庚午60〉〈辛未50〉〈壬申65〉〈癸酉70〉〈甲戌40〉〈乙亥35〉〈丙子50〉〈丁丑55〉〈戊寅65〉〈己卯70〉〈庚辰65〉〈辛巳55〉〈壬午60〉〈癸未55〉〈甲申45〉〈乙酉40〉〈丙戌35〉〈丁亥40〉〈戊子60〉〈己丑65〉〈庚寅60〉〈辛卯50〉〈壬辰75〉〈癸巳60〉〈甲午35〉〈乙未45〉〈丙申40〉〈丁酉45〉〈戊戌65〉〈己亥70〉〈庚子55〉〈辛丑60〉〈壬寅70〉〈癸卯65〉〈甲辰45〉〈乙巳40〉〈丙午30〉〈丁未35〉〈戊申75〉〈己酉80〉〈庚戌65〉〈辛亥70〉〈壬子60〉〈癸丑70〉。

• 當辛日主走秋冬運，大運出現的是庚辛金出天干，也就是庚申、辛酉、庚戌、辛亥、庚子、辛丑，很明顯的是人際的運勢現象，也是不穩定的財運運勢，要注意因人際影響到工作財運。如果流年天干出現甲乙木，則大部分都是不理想的運勢，非常容易出現變動或損失，但適合變動工作；如果流年出現丙丁火流年，則容易犯小人或煩躁，在財運方面也屬於不穩定；如果流年出現旺的壬癸水，壬戌、癸亥、壬子、癸丑，那屬於弱的辛日主則要注意到人際問題，適合搬遷但不宜合夥。其他的流年組合的財運

都不錯，可以把握。以下是六十干支流年組合的財運分數，提供為流年財運的參考：

〈甲寅35〉〈乙卯40〉〈丙辰45〉〈丁巳50〉〈戊午60〉〈己未65〉〈庚申40〉
〈辛酉45〉〈壬戌65〉〈癸亥60〉〈甲子30〉〈乙丑25〉〈丙寅40〉〈丁卯45〉
〈戊辰75〉〈己巳65〉〈庚午55〉〈辛未50〉〈壬申65〉〈癸酉70〉〈甲戌25〉
〈乙亥30〉〈丙子35〉〈丁丑40〉〈戊寅65〉〈己卯55〉〈庚辰45〉〈辛巳50〉
〈壬午70〉〈癸未75〉〈甲申30〉〈乙酉35〉〈丙戌45〉〈丁亥50〉〈戊子60〉
〈己丑50〉〈庚寅40〉〈辛卯45〉〈壬辰75〉〈癸巳80〉〈甲午35〉〈乙未40〉
〈丙申45〉〈丁酉50〉〈戊戌70〉〈己亥60〉〈庚子35〉〈辛丑40〉〈壬寅65〉
〈癸卯70〉〈甲辰40〉〈乙巳45〉〈丙午35〉〈丁未40〉〈戊申85〉〈己酉75〉
〈庚戌45〉〈辛亥50〉〈壬子60〉〈癸丑65〉。

• 當辛日主走秋冬運，大運出現壬癸水出天干，即壬申、癸酉、壬戌、癸亥、壬子、癸丑，適合從事專長或專業的工作，也很適合從事美術或體育的專業，很能發揮自己也能有展現，但要注意偏弱的辛日主，即辛卯、辛巳和辛未日主，容易有情緒及精神方面的狀況，或是不切實際的想法，所以要注意到壓力和情緒的轉移，及個性想法的調適。如果流年甲乙木出天干，則要注意到工作財運的變動，適合變動工作但不宜投資；如果流年出現弱的火，像是丁酉、丙戌、丁亥、丙子和丁丑，則要注意健康或感情婚姻的變動，會影響到財運；如果流年出現弱的己土，則要注意不動產方面的變動，或出現不理想的投資機會；如果流年出現壬癸水，則要注意到健康或感情方面的變動，明顯會感覺壓力，而在情緒或精神方面都要多注意，適合遷移或到遠方工作。除了這些之外其他的流年組合，都會屬於不錯的財運運勢。以下是六十干支流年組合的財運分數，提供為流年財運的參考：〈甲寅40〉〈乙卯35〉

〈丙辰45〉〈丁巳50〉〈戊午60〉〈己未65〉〈庚申40〉〈辛酉50〉〈壬戌55〉

〈癸亥60〉〈甲子30〉〈乙丑25〉〈丙寅35〉〈丁卯30〉〈戊辰70〉〈己巳65〉

〈庚午45〉〈辛未40〉〈壬申60〉〈癸酉65〉〈甲戌40〉〈乙亥35〉〈丙子30〉

〈丁丑25〉〈戊寅60〉〈己卯45〉〈庚辰50〉〈辛巳45〉〈壬午75〉〈癸未80〉

〈甲申45〉〈乙酉40〉〈丙戌35〉〈丁亥30〉〈戊子50〉〈己丑40〉〈庚寅45〉

〈辛卯50〉〈壬辰80〉〈癸巳75〉〈甲午35〉〈乙未45〉〈丙申40〉〈丁酉35〉

〈戊戌65〉〈己亥45〉〈庚子40〉〈辛丑45〉〈壬寅70〉〈癸卯75〉〈甲辰45〉

〈乙巳40〉〈丙午35〉〈丁未45〉〈戊申75〉〈己酉55〉〈庚戌45〉〈辛亥50〉

〈壬子45〉〈癸丑55〉。

《辛日主範例與詳細解說》：

此範例為女命辛日主的辛未日，生於壬子年的戊申月，如果要從八字本命來看此人個性，相當有辛日主的個性特質，溫和有氣質外相不錯，也喜歡穩定悠閒的生活方式，因為辛未日主較弱，所以不喜歡壓力，很有想法但也較容易不合群，有時候會比較神經質。在財運方面，此人的大運是一歲起運走丁未運，是丁火出天干的夏運，因為是走夏運，基本上財運方面是不錯的，雖有壓力但穩定成長。而十一歲開始換丙午運，大方向和丁未差不多，都是相當旺的火，財運現象差異不大，都是不錯的穩定財運，而過旺的剋我，也代表此人從小生

八字本命	年柱	月柱	日柱（日主）	時柱
虛歲年限	1至15歲	16至30歲	31至45歲	46歲之後
四柱干支	壬子	戊申	辛未	戊戌

大運						
虛歲年限	1歲至10歲	11歲至20歲	21歲至30歲	31歲至40歲	41歲至50歲	51歲至60歲
干支	丁未	丙午	乙巳	甲辰	癸卯	壬寅

流年

虛歲	1 +60	2	3	4	5	6	7	8	9	10
干支	壬子	癸丑	甲寅	乙卯	丙辰	丁巳	戊午	己未	庚申	辛酉
虛歲	31	32	33	34	35	36	37	38	39	40
干支	壬午	癸未	甲申	乙酉	丙戌	丁亥	戊子	己丑	庚寅	辛卯

虛歲	11	12	13	14	15	16	17	18	19	20
干支	壬戌	癸亥	甲子	乙丑	丙寅	丁卯	戊辰	己巳	庚午	辛未
虛歲	41	42	43	44	45	46	47	48	49	50
干支	壬辰	癸巳	甲午	乙未	丙申	丁酉	戊戌	己亥	庚子	辛丑

虛歲	21	22	23	24	25	26	27	28	29	30
干支	壬申	癸酉	甲戌	乙亥	丙子	丁丑	戊寅	己卯	庚辰	辛巳
虛歲	51	52	53	54	55	56	57	58	59	60
干支	壬寅	癸卯	甲辰	乙巳	丙午	丁未	戊申	己酉	庚戌	辛亥

長在有規範的家庭裡，父母的工作水準都會不錯。

二十一換乙巳運，是夏天的乙木，財出天干，是屬於財運不穩定的大運現象，雖不缺錢但也常變動，很適合從事財來財去的工作類型，業務、自由業或自己創業都很適合。二十三歲甲戌和二十四歲乙亥年，逢遇到甲乙財出天干，加上大運又是偏旺的乙木，所以明顯會有工作財運上的變動，雖然不太會不理想，但明顯會比較忙碌辛苦，但很適合變動工作，也很適合搬遷；二十五歲丙子和二十六歲丁丑年，丙丁弱火出天干，財運方面還算普通但有些壓力；二十七歲戊寅和二十八歲己卯年，是春土戊己出天干的流年，雖然土偏弱但還不錯，運勢會出現貴人運，工作財運會有不錯的機會，可以把握；二十九歲庚辰和三十歲辛巳年，人際明顯會有變動，而且對大運的乙巳來說會有劫財現象，也會比較忙碌辛勞，要注意投資方面的狀況，但適合變動工作。

三十一歲換甲辰大運，運勢現象和乙巳差不多，都是屬於財出天干的現象，但因為甲木比乙木規模大，所以財運方面也更理想，雖然是財來財去的運勢，但相當能在當中有所收穫和累積，是相當不錯的財運運勢。三十一歲壬午和三十二歲癸未，逢遇到弱的夏水，對辛日主來說還不錯，代表很有想法和企圖心，在房地產方面也相當好，可以把握；三十三歲甲申和三十四歲乙酉年，流年和大運一樣都是木，財出天干，代表工作財運變

動，但因甲申是相當旺的木，所以是不錯的工作財運機會，很適合變動，財運也不錯；三十五歲丙戌和三十六歲丁亥年，因為火不穩定，對辛日主來說會感覺到煩躁和壓力，但對財運影響不大，只是會忙碌些，還要注意健康或官司方面的問題；三十八歲己丑年，因為是相當弱的薄土流年，對大運甲辰來說並不理想，所以在投資方面要注意損失，或是因官司引起的財運不順；三十九歲庚寅和四十歲辛卯年，庚辛金出天干，出現了人際流年，且會剋到大運甲辰木，所以會有劫財的狀況出現，要注意因為人際而影響到工作財運，不宜投資但適合變動工作。

四十一歲換癸卯大運，春天的癸水偏弱，是屬於食傷生財的運勢，對辛日主來說財運相當不錯，但也容易有不動產變動及小煩躁，也常會猶豫不決讓自己更忙碌。四十一歲壬辰和四十二歲癸巳流年，出現水弱的流年，而因為大運也是弱水，所以明顯會有不動產方面的變動，甚至是健康方面的狀況或煩躁，但很適合搬遷，在財運方面還不錯；四十三歲甲午和四十四歲乙未年，出現很旺的甲乙木流年，對辛日主來說在工作財運方面明顯會變動，但在投資方面會不錯，相當有機會獲利，可以把握；四十五歲丙申和四十六歲丁酉年，對辛日主來說會出現壓力，要注意健康或婚姻方面的問題，但財運方面還算穩定；四十七歲戊戌和四十八歲己亥年，流年出現弱的土，財運方面屬於穩定，但要注意健康方面的狀況；四十九歲庚子和五十歲辛丑年，財運屬於穩定。

五十一歲換壬寅大運，是屬於偏旺的水運，大方向和前一個癸卯差不多，但規模大許多，因為是不錯的財運運勢，所以在財運及不動產運方面會更理想，相信會更有財富累積，但會比較穩定，在不動產方面會不錯，不過要注意健康方面的問題。五十五歲丙午和五十六歲丁未年，流年出現過旺的火，加上大運水旺，所以明顯會出現不穩定，所以要注意健康問題，但也適合遷移。

而在流年財運的分數部分，此範例的一生流年財運如下：

・虛歲十一歲到二十歲走丙午運，是丙火出天干的夏運，則流年財運分數為：

〈壬戌55〉〈癸亥60〉〈甲子30〉〈乙丑35〉〈丙寅50〉〈丁卯55〉〈戊辰65〉〈己巳60〉〈庚午40〉〈辛未35〉；

・虛歲二十一歲到三十歲走乙巳運，是乙木出天干的夏運，則流年財運分數為：

〈壬申70〉〈癸酉80〉〈甲戌40〉〈乙亥35〉〈丙子45〉〈丁丑50〉〈戊寅60〉〈己卯50〉〈庚辰35〉〈辛巳40〉；

・虛歲三十一歲到四十歲走甲辰運，是甲木出天干的春運，則流年財運分數為：

〈壬午60〉〈癸未65〉〈甲申45〉〈乙酉35〉〈丙戌45〉〈丁亥50〉〈戊子55〉

〈己丑45〉〈庚寅40〉〈辛卯45〉；

‧虛歲四十一歲到五十歲走癸卯運，是癸水出天干的春運，則流年財運分數為：〈壬辰85〉〈癸巳90〉〈甲午60〉〈乙未65〉〈丙申50〉〈丁酉45〉〈戊戌40〉〈己亥50〉〈庚子60〉〈辛丑65〉；

‧虛歲五十一歲到六十歲走壬寅運，是壬水出天干的春運，則流年財運分數為：〈壬寅75〉〈癸卯80〉〈甲辰55〉〈乙巳60〉〈丙午40〉〈丁未35〉〈戊申45〉〈己酉50〉〈庚戌70〉〈辛亥65〉。

9、壬日主（壬寅、壬辰、壬午、壬申、壬戌、壬子）：

《財運詳細解說》：

壬日主一共有六個，也許因為地支的不同會影響到本命的旺弱，但基本上影響比較大的部分，會是在個人個性特質上及其他方面的差異，而在財運的分析方面其實影響並不大，尤其是在大方向的現象更不會有影響，最多只會是程度上的差別，所以在這裡要一起做解說。

當壬日主在大運逢到春夏運，大概有百分之七十以上會是好的財運運勢，但即使在好的十年大運裡，都還是有二到四個流年是不太理想的影響，都要注意。

• 如果大運逢到春夏運，且天干出甲乙木，那就是甲寅、乙卯、甲辰、乙巳、甲午、乙未，代表大運走食傷生財現象，財運還不錯，可以運用自己的聰明才智來賺錢，自己專長或專業的工作類型，在不動產運方面也不錯。如果流年天干出現丙丁火，尤其弱的火，則要注意工作財運的變動或損失，但很適合變動工作；如果流年出現旺的金，庚申、辛酉、庚戌、辛亥、庚子、辛丑，有金剋木的現象，則容易出現不理想的投資機會，要小心投資及錢財方面的損失，但適合變動工作；如果流年出現旺的水，則很適合搬遷或變動工作。其他除了這些之外的組合流年，都屬於還不錯的流年財運。以下是六十干支流年組合的財運分數，提供為流年財運的參考：

〈甲寅60〉〈乙卯55〉〈丙辰35〉〈丁巳40〉〈戊午30〉〈己未40〉〈庚申25〉

〈辛酉35〉〈壬戌65〉〈癸亥60〉〈甲子55〉〈乙丑45〉〈丙寅35〉〈丁卯30〉

〈戊辰45〉〈己巳35〉〈庚午45〉〈辛未50〉〈壬申75〉〈癸酉85〉〈甲戌60〉

〈乙亥50〉〈丙子30〉〈丁丑25〉〈戊寅40〉〈己卯35〉〈庚辰30〉〈辛巳40〉

〈壬午65〉〈癸未60〉〈甲申65〉〈乙酉55〉〈丙戌35〉〈丁亥30〉〈戊子35〉〈己丑25〉〈庚寅40〉〈辛卯45〉〈壬辰80〉〈癸巳70〉〈甲午55〉〈乙未60〉〈丙申40〉〈丁酉35〉〈戊戌45〉〈己亥35〉〈庚子20〉〈辛丑30〉〈壬寅70〉〈癸卯75〉〈甲辰65〉〈乙巳60〉〈丙午30〉〈丁未35〉〈戊申40〉〈己酉35〉〈庚戌30〉〈辛亥35〉〈壬子60〉〈癸丑55〉。

- 當壬日主在春夏運裡逢到丙丁火的大運，丙寅、丁卯、丙辰、丁巳、丙午、丁未，財出天干，財運方面屬於不穩定類型，適合在財來財去中獲得利益，相當適合從事業務、自由業，或是老闆⋯⋯等等財不穩定型的工作類型，屬於為了錢財而忙碌辛苦的類型，且弱的火大運則財運會越不穩定。如果流年出現丙丁火，很明顯會有工作財運變動，且會感覺相當有壓力，要注意投資狀況，但很適合變動工作；如果流年出現壬癸水，則會出現劫財現象，要小心因為別人而引起的財運變動，尤其是旺的水年，壬申、癸酉、壬戌、癸亥、壬子和癸丑，建議以保守為原則。而除了火和水之外的其他屬性流年，都屬於穩定或不錯的流年財運。以下是六十干支流年組合的財運分數，提供為流年財運的參考：〈甲寅70〉〈乙卯65〉

〈丙辰35〉〈丁巳30〉〈戊午35〉〈己未40〉〈庚申55〉〈辛酉60〉〈壬戌25〉
〈癸亥30〉〈甲子55〉〈乙丑50〉〈丙寅35〉〈丁卯30〉〈戊辰45〉〈己巳50〉
〈庚午40〉〈辛未45〉〈壬申30〉〈癸酉35〉〈甲戌65〉〈乙亥55〉〈丙子25〉
〈丁丑20〉〈戊寅40〉〈己卯35〉〈庚辰50〉〈辛巳45〉〈壬午40〉〈癸未35〉
〈甲申70〉〈乙酉65〉〈丙戌30〉〈丁亥25〉〈戊子35〉〈己丑40〉〈庚寅45〉
〈辛卯40〉〈壬辰35〉〈癸巳40〉〈甲午75〉〈乙未70〉〈丙申35〉〈丁酉30〉
〈戊戌40〉〈己亥50〉〈庚子70〉〈辛丑65〉〈壬寅30〉〈癸卯35〉〈甲辰80〉
〈乙巳70〉〈丙午25〉〈丁未35〉〈戊申45〉〈己酉50〉〈庚戌60〉〈辛亥65〉
〈壬子20〉〈癸丑25〉。

• 當壬日主在大運走的是春夏運，而且是戊己財出天干，戊寅、己卯、戊辰、己巳、戊午、己未，大方向代表工作財運屬於穩定的現象，雖然感覺有壓力和侷限，而且越旺的土就會越有壓力，不過財運則很能穩定累積。如果逢遇到丙丁火出天干的流年，明顯工作財運會有變動，很適合投資或變動工作，但要量力而為，否則壓力會更大；若逢遇到戊己土出天干的流年，那就要注意健康或感情婚姻方面對財運的影響，尤其

是旺的土流年；如果逢到旺的水流年，壬申、癸酉、壬戌、癸亥、壬子和癸丑，則很容意因為人際而影響到工作財運，要注意犯小人的現象。而除了這些之外其他組合的流年，都屬於穩定的流年財運。以下是六十干支流年組合的財運分數，提供為流年財運的參考：〈甲寅60〉〈乙卯55〉〈丙辰35〉〈丁巳40〉〈戊午35〉〈己未40〉〈庚申65〉〈辛酉70〉〈壬戌65〉〈癸亥70〉〈甲子50〉〈乙丑45〉〈丙寅35〉〈丁卯30〉〈戊辰45〉〈己巳50〉〈庚午55〉〈辛未60〉〈壬申85〉〈癸酉75〉〈甲戌55〉〈乙亥50〉〈丙子30〉〈丁丑25〉〈戊寅35〉〈己卯40〉〈庚辰75〉〈辛巳65〉〈壬午55〉〈癸未50〉〈甲申60〉〈乙酉55〉〈丙戌35〉〈丁亥30〉〈戊子40〉〈己丑45〉〈庚寅65〉〈辛卯70〉〈壬辰65〉〈癸巳55〉〈甲午65〉〈乙未60〉〈丙申40〉〈丁酉35〉〈戊戌45〉〈己亥50〉〈庚子80〉〈辛丑85〉〈壬寅60〉〈癸卯55〉〈甲辰70〉〈乙巳65〉〈丙午30〉〈丁未35〉〈戊申40〉〈己酉45〉〈庚戌70〉〈辛亥75〉〈壬子50〉〈癸丑55〉。

• 當壬日主在春夏運逢到金出天干的大運，就是庚寅、辛卯、庚辰、辛巳、庚午、辛未，財運方面屬於穩定且有貴人的類型，也不建議太辛苦或勞力的工作類型，穩定輕鬆是理想的大方向。如果流年天干出現甲乙木，那在工作財運方面就會不穩定，要注意投資或不動產方面的狀況，也建議不用多做事或想太多，順其自然加保守就可以；如果在流年出現丙丁火出天干，財運方面容易變動或損失，尤其是逢到弱的火，但很適合變動工作。而除了木和火之外，其他的流年組合，都屬於穩定的流年財運。以下是六十干支流年組合的財運分數，提供為流年財運的參考：〈甲寅35〉〈乙卯40〉〈丙辰30〉〈丁巳35〉〈戊午40〉〈己未50〉〈庚申65〉〈辛酉75〉〈壬戌40〉〈癸亥50〉〈甲子30〉〈乙丑25〉〈丙寅20〉〈丁卯25〉〈戊辰45〉〈己巳50〉〈庚午70〉〈辛未75〉〈壬申45〉〈癸酉50〉〈甲戌40〉〈乙亥50〉〈丙子15〉〈丁丑20〉〈戊寅55〉〈己卯50〉〈庚辰80〉〈辛巳70〉〈壬午60〉〈癸未65〉〈甲申45〉〈乙酉50〉〈丙戌30〉〈丁亥25〉〈戊子60〉〈己丑55〉〈庚寅70〉〈辛卯65〉〈壬辰75〉〈癸巳70〉〈甲午35〉〈乙未45〉〈丙申35〉〈丁酉30〉〈戊戌55〉〈己亥50〉〈庚子75〉〈辛丑70〉〈壬寅65〉〈癸卯70〉〈甲辰40〉〈乙巳45〉〈丙午25〉〈丁未35〉〈戊申50〉〈己酉60〉〈庚戌70〉〈辛亥75〉〈壬子35〉〈癸丑45〉。

• 當壬日主在春夏大運天干出壬癸水，是壬寅、癸卯、壬辰、癸巳、壬午、癸未，屬於人際的運勢現象，工作財運就容易受到人際而影響。如果在流年出現較旺的木，像是甲辰、乙巳、甲午、乙未、甲申，在財運方面還不錯，且也可以合夥，但事前條件要清楚；如果流年丙丁火流年，尤其是火弱的流年，丁酉、丙戌、丁亥、丙子和丁丑，則要很小心工作財運的變動，甚至是損失，但適合變動工作；如果流年出現弱的己土，己卯、己酉、己亥、己丑、己丑，則容易會犯小人或引起的損失，但適合搬遷。除了上述之外的其他屬性流年，都屬於不錯的流年財運。以下是六十干支流年組合的財運分數，提供為流年財運的參考：〈甲寅70〉

〈乙卯65〉〈丙辰30〉〈丁巳35〉〈戊午30〉〈己未35〉〈庚申60〉〈辛酉65〉

〈壬戌50〉〈癸亥55〉〈甲子60〉〈乙丑55〉〈丙寅25〉〈丁卯20〉〈戊辰45〉

〈己巳40〉〈庚午50〉〈辛未45〉〈壬申55〉〈癸酉60〉〈甲戌70〉〈乙亥60〉

〈丙子20〉〈丁丑15〉〈戊寅40〉〈己卯45〉〈庚辰65〉〈辛巳70〉〈壬午60〉

〈癸未50〉〈甲申80〉〈乙酉70〉〈丙戌30〉〈丁亥25〉〈戊子45〉〈己丑40〉

〈庚寅50〉〈辛卯55〉〈壬辰65〉〈癸巳55〉〈甲午65〉〈乙未75〉〈丙申35〉

〈丁酉30〉〈戊戌40〉〈己亥50〉〈庚子60〉〈辛丑65〉〈壬寅55〉〈癸卯60〉

〈甲辰75〉〈乙巳70〉〈丙午40〉〈丁未35〉〈戊申40〉〈己酉50〉〈庚戌55〉〈辛亥60〉〈壬子50〉〈癸丑55〉。

當壬日主走秋冬運，雖然秋天的金水會比較旺盛，但是還是要看個人的工作職業選擇，還有投資理財的規劃，才能判斷財運好壞。

• 如果大運出現的是甲乙木出天干，甲申、乙酉、甲戌、乙亥、甲子、乙丑，財運屬於普通，因為秋冬木比較不穩定，所以要注意不動產方面的投資。如果流年出現甲乙木，尤其是旺的木，則很適合買賣不動產；如果流年出現弱火，丁酉、丙戌、丁亥、丙子和丁丑，明顯會有工作財運變動，要注意投資損失，但適合變動工作；如果流年出現弱的己土，己卯、己酉、己亥、己丑、己丑，則容易會有工作錢財的壓力，要盡量維持穩定；如果流年出現庚辛金出天，則要注意不動產的變動，要小心投資損失，尤其是旺的金，庚申、辛酉，庚戌、辛亥，庚子和辛丑；如果流年出現旺水，壬申、壬戌、壬子和癸亥、癸丑，則容易會有搬遷或到遠方發展。除了上述的流年，其他都是穩定的財運運勢。以下是六十干支流年組合的財運分數，提供為流年財運的參考：

〈甲寅65〉〈乙卯60〉〈丙辰45〉〈丁巳40〉〈戊午35〉〈己未45〉〈庚申30〉

〈辛酉25〉〈壬戌55〉〈癸亥50〉〈甲子55〉〈乙丑50〉〈丙寅35〉〈丁卯30〉〈戊辰45〉〈己巳40〉〈庚午50〉〈辛未45〉〈壬申50〉〈癸酉55〉〈甲戌60〉〈乙亥50〉〈丙子25〉〈丁丑20〉〈戊寅45〉〈己卯35〉〈庚辰40〉〈辛巳35〉〈壬午65〉〈癸未70〉〈甲申65〉〈乙酉55〉〈丙戌30〉〈丁亥25〉〈戊子35〉〈己丑30〉〈庚寅45〉〈辛卯40〉〈壬辰70〉〈癸巳65〉〈甲午70〉〈乙未65〉〈丙申35〉〈丁酉30〉〈戊戌40〉〈己亥35〉〈庚子30〉〈辛丑25〉〈壬寅60〉〈癸卯65〉〈甲辰75〉〈乙巳65〉〈丙午40〉〈丁未35〉〈戊申45〉〈己酉40〉〈庚戌35〉〈辛亥30〉〈壬子40〉〈癸丑50〉。

• 當壬日主走秋冬運，大運出現天干丙丁的火運，丙申、丁酉、丙戌、丁亥、丙子和丁丑，大運是財出天干，而且是秋冬的弱火，則大方向是不穩定的財運運勢，且除了丙戌運之外，並不建議投資或創業。如果出現丙丁火的流年，尤其是弱的火，丁酉、丙戌、丁亥、丙子和丁丑，則要注意工作財運的變動，小心出現損失或婚姻感情及健康的狀況，但適合變動工作；如果逢到弱的己土，己卯、己酉、己亥、己丑、己丑，則容易有工作錢財的壓力，要盡量維持穩定；如果逢到金出天干的流年，尤其是較旺的金，庚申、辛酉、庚戌、辛亥、庚子、辛丑，則要小心小人或不理想的投資機會；而如果是出現壬癸水的流年，明顯會因人際而出現工作財運變動或損失，不建議借貸或合夥，尤其是水旺的流年，壬申、癸酉、壬戌、癸亥、壬子、癸丑，但適合變動工作。其他的流年組合則屬於財運穩定。以下是六十干支流年組合的財運分數，提供為流年財運的參考：〈甲寅65〉〈乙卯60〉〈丙辰35〉
〈丁巳30〉〈戊午40〉〈己未45〉〈庚申30〉〈辛酉35〉〈壬戌20〉〈癸亥25〉
〈甲子50〉〈乙丑45〉〈丙寅25〉〈丁卯20〉〈戊辰40〉〈己巳45〉〈庚午50〉
〈辛未45〉〈壬申25〉〈癸酉30〉〈甲戌55〉〈乙亥45〉〈丙子20〉〈丁丑15〉
〈戊寅40〉〈己卯30〉〈庚辰45〉〈辛巳50〉〈壬午35〉〈癸未40〉〈甲申60〉
〈乙酉50〉〈丙戌30〉〈丁亥25〉〈戊子35〉〈己丑30〉〈庚寅40〉〈辛卯45〉
〈壬辰30〉〈癸巳35〉〈甲午70〉〈乙未65〉〈丙申35〉〈丁酉30〉〈戊戌40〉
〈己亥35〉〈庚子30〉〈辛丑35〉〈壬寅25〉〈癸卯30〉〈甲辰75〉〈乙巳65〉
〈丙午40〉〈丁未35〉〈戊申45〉〈己酉40〉〈庚戌35〉〈辛亥40〉〈壬子15〉
〈癸丑20〉。

•當壬日主走秋冬運，大運是戊己出天干，戊申、己酉、戊戌、己亥、戊子、己丑，大方向是屬於穩定的財運運勢，很適合穩定中成長。如果流年逢到甲乙木，特別是旺的木，甲寅、甲辰、乙巳、甲午、乙未和甲申年，則在不動產方面容易有變動，可以投資但要小心；如果流年出現丙丁火，尤其是弱的火，丁酉、丙戌、丁亥、丙子和丁丑，則要注意工作財運的變動，不建議投資但適合變動工作；如果逢到戊己土流年，則容易有工作財運的壓力，維持穩定低調會比較理想；如果流年出現水旺的流年，像是壬申、癸酉、壬戌、癸亥、壬子、癸丑，容易因人際而影響工作財運，要注意投資。其餘的流年組合都屬於普通或不錯的財運現象。以下是六十干支流年組合的財運分數，提供為流年財運的參考：〈甲寅40〉〈乙卯45〉〈丙辰35〉

〈丁巳30〉〈戊午35〉〈己未40〉〈庚申60〉〈辛酉65〉〈壬戌50〉〈癸亥55〉

〈甲子40〉〈乙丑35〉〈丙寅30〉〈丁卯25〉〈戊辰40〉〈己巳45〉〈庚午70〉

〈辛未75〉〈壬申45〉〈癸酉55〉〈甲戌45〉〈乙亥40〉〈丙子25〉〈丁丑20〉

〈戊寅45〉〈己卯50〉〈庚辰65〉〈辛巳70〉〈壬午60〉〈癸未65〉〈甲申50〉

〈乙酉55〉〈丙戌30〉〈丁亥25〉〈戊子50〉〈己丑40〉〈庚寅60〉〈辛卯65〉

〈壬辰55〉〈癸巳60〉〈甲午40〉〈乙未50〉〈丙申35〉〈丁酉30〉〈戊戌40〉

〈己亥45〉〈庚子75〉〈辛丑70〉〈壬寅60〉〈癸卯55〉〈甲辰45〉〈乙巳50〉
〈丙午40〉〈丁未35〉〈戊申45〉〈己酉40〉〈庚戌65〉〈辛亥70〉〈壬子45〉
〈癸丑50〉。

• 當壬日主走秋冬運，大運出現的是庚辛金出天干，也就是庚申、辛酉、庚戌、辛亥、庚子、辛丑，其實是不穩定的運勢，常看起來好像有貴人且有好機會，但很容易是不理想的結果，所以大方向會建議一切保守穩定為原則。如果流年天干出現甲乙木，則出現金剋木，要注意比較預期外的狀況，像是明顯的變動，不動產、工作投資或婚姻感情，甚至是健康或官司都可能，所以不是太理想的財運運勢；如果流年出現火弱，像丁酉、丙戌、丁亥、丙子和丁丑，則要注意工作財運的變動，小心出現損失，但適合變動工作；如果流年出現弱己土，己卯、己酉、己亥、己丑、己丑，則容易有工作錢財的壓力，不宜多做事，一切按部就班、維持穩定。其他的流年組合都算普通。以下是六十干支流年組合的財運分數，提供為流年財運的參考：
〈甲寅35〉〈乙卯40〉〈丙辰30〉〈丁巳35〉〈戊午55〉〈己未60〉〈庚申65〉
〈辛酉70〉〈壬戌50〉〈癸亥55〉〈甲子30〉〈乙丑35〉〈丙寅30〉〈丁卯25〉

〈戊辰50〉〈己巳55〉〈庚午70〉〈辛未65〉〈壬申60〉〈癸酉70〉〈甲戌30〉〈乙亥35〉〈丙子25〉〈丁丑20〉〈戊寅50〉〈己卯40〉〈庚辰75〉〈辛巳80〉〈壬午65〉〈癸未70〉〈甲申35〉〈乙酉40〉〈丙戌30〉〈丁亥25〉〈戊子45〉〈己丑35〉〈庚寅60〉〈辛卯70〉〈壬辰60〉〈癸巳65〉〈甲午40〉〈乙未45〉〈丙申35〉〈丁酉30〉〈戊戌60〉〈己亥50〉〈庚子80〉〈辛丑75〉〈壬寅65〉〈癸卯60〉〈甲辰45〉〈乙巳40〉〈丙午35〉〈丁未40〉〈戊申65〉〈己酉55〉〈庚戌70〉〈辛亥75〉〈壬子55〉〈癸丑50〉。

•當壬日主走秋冬運，大運出現壬癸水出天干，即壬申、癸酉、壬戌、癸亥、壬子、癸丑，大方向走人際運勢的現象，很容易在流年不理想時出現劫財損失，所以財運容易受人際所影響。如果流年出現弱的甲乙木，甲戌、乙酉、乙亥、甲子及乙丑年，則要注意不動產的變動，容易是不理想的狀況；如果流年出現丙丁火，則明顯出現劫財和小人，尤其是弱的火年，像是丁酉、丙戌、丁亥、丙子和丁丑，則要非常注意投資或合夥的問題，很容易有劫財損失，但很適合變動工作；如果流年出現弱己土，己卯、己酉、己亥、己丑、己丑，則也是要注意人際帶來的壓力和變動，而旺土的流年就比較沒問題；如果流年出現旺的壬癸水，壬申、癸酉、壬戌、癸亥、壬子、癸丑，則要注意到健康或婚姻方面的變動，可能影響到財運現象，但適合遷移或到遠方工作。其他的流年組合，都會屬於普通。以下是六十干支流年組合的財運分數，提供為流年財運的參考：〈甲寅60〉〈乙卯50〉〈丙辰30〉〈丁巳35〉〈戊午80〉〈己未70〉〈庚申60〉〈辛酉65〉〈壬戌45〉〈癸亥40〉〈甲子50〉〈乙丑40〉〈丙寅20〉〈丁卯15〉〈戊辰55〉〈己巳60〉〈庚午55〉〈辛未65〉〈壬申50〉〈癸酉55〉〈甲戌60〉〈乙亥45〉〈丙子15〉〈丁丑10〉〈戊寅45〉〈己卯35〉〈庚辰55〉〈辛巳60〉〈壬午50〉〈癸未60〉〈甲申70〉〈乙酉50〉〈丙戌25〉〈丁亥20〉〈戊子40〉〈己丑30〉〈庚寅50〉〈辛卯55〉〈壬辰45〉〈癸巳50〉〈甲午75〉〈乙未70〉〈丙申30〉〈丁酉25〉〈戊戌45〉〈己亥35〉〈庚子60〉〈辛丑65〉〈壬寅55〉〈癸卯50〉〈甲辰70〉〈乙巳65〉〈丙午35〉〈丁未40〉〈戊申75〉〈己酉55〉〈庚戌65〉〈辛亥60〉〈壬子40〉〈癸丑45〉。

《壬日主範例與詳細解說》：

此範例為女命壬日主的壬戌日，生於甲寅年的癸酉月，如果要從八字本命來看此人個

八字本命	虛年歲限	年柱	月柱	日柱（日主）	時柱
		1至15歲	16至30歲	31至45歲	46歲之後
	四柱干支	甲寅	癸酉	壬戌	丙午

大運	虛年歲限	3歲至12歲	13歲至22歲	23歲至32歲	33歲至42歲	43歲至52歲	53歲至62歲
	干支	壬申	辛未	庚午	己巳	戊辰	丁卯

流年										
虛歲	1 +60	2	3	4	5	6	7	8	9	10
干支	甲寅	乙卯	丙辰	丁巳	戊午	己未	庚申	辛酉	壬戌	癸亥
虛歲	11	12	13	14	15	16	17	18	19	20
干支	甲子	乙丑	丙寅	丁卯	戊辰	己巳	庚午	辛未	壬申	癸酉
虛歲	21	22	23	24	25	26	27	28	29	30
干支	甲戌	乙亥	丙子	丁丑	戊寅	己卯	庚辰	辛巳	壬午	癸未
虛歲	31	32	33	34	35	36	37	38	39	40
干支	甲申	乙酉	丙戌	丁亥	戊子	己丑	庚寅	辛卯	壬辰	癸巳
虛歲	41	42	43	44	45	46	47	48	49	50
干支	甲午	乙未	丙申	丁酉	戊戌	己亥	庚子	辛丑	壬寅	癸卯
虛歲	51	52	53	54	55	56	57	58	59	60
干支	甲辰	乙巳	丙午	丁未	戊申	己酉	庚戌	辛亥	壬子	癸丑

性，相當有壬日主的個性特質，此八字本命的搭配還算調和，所以此人是屬於聰慧的類型，在個性方面很有壬日主的特質，也相當幫人著想且有主見。而在財運方面，此人的大運是三歲起運走壬申水運，是壬水出天干的秋運，壬申是相當旺的活水，代表從小的家運的財運雖不穩定，但還不錯。而十三歲開始換辛未運，是辛金出天干的夏運，由於夏運對於壬日主來說是不錯的運勢，財運運勢也相當好，也代表家裡財運開始很不錯，但金弱也代表父母相當忙碌。

接下來二十三歲換庚午運，整體來說和前一個辛未現象差不多，都是弱的金出天干，在財運方面都是忙碌的類型，但財運運勢會相當好，父母親對此人的工作財運有很大幫助。

二十三歲丙子和二十四歲丁丑年，出現弱的火流年，是財出天干的流年且火不穩定，所以明顯工作財運不穩定，適合變動工作或是遷移，但不宜投資；二十五歲戊寅和二十六歲己卯年，會感覺比較有壓力，要注意工作或感情方面的變動，加上因為大運走夏運，所以很適合結婚或變動工作，財運還算穩定；二十七歲庚辰和二十八歲辛巳年，出現偏弱的金，對壬日主來說相當不錯，會有不錯的財運機會，可以把握；二十九歲壬午和三十歲癸未年，夏運出水，對壬日主來說雖忙碌但財運相當好；三十一歲甲申和三十二歲乙酉年，偏弱的秋木，且因大運是庚金出天干，所以有金剋木現象，明顯會比較忙碌和煩躁，工作財運也會有變動，很適合變動工作。

三十三歲換的己巳大運，出現了夏天的己土，對壬水日主來說明顯會有壓力和拘束，雖然夏運是好運，但也比之前運勢還感覺有壓力和煩躁，財運方面雖不至缺錢，不過大方向是忙碌辛勞且不得閒。三十三歲丙戌和三十四歲丁亥年，財出天干代表工作財運不穩定，明顯會有工作方面的變動，但不建議投資；三十五歲戊子和三十六歲己丑年，和大運一樣是土出天干，明顯有壓力出現，很可能是錢財的壓力，可以變動工作，但也要注意感情婚姻或健康方面的問題；三十七歲庚寅和三十八歲辛卯年，有貴人運出現，可以把握；三十九歲壬辰和四十歲癸巳年，偏弱的水流年，要注意因人際帶來的狀況，容易犯小人或

財運不穩定；四十一歲甲午和四十二歲乙未年，出現相當旺的木流年，在不動產方面明顯會有變動，要量力而為，否則容易有壓力和損失。

四十三歲換戊辰大運，整體來說和前一個大運理差不多，不過因為戊辰沒有己巳燥熱，所以大方向來看，會感覺比較自在些，雖還是有壓力但會比較愉快，財運方面屬於普通。四十三歲丙申和四十四歲丁酉年，出現秋火不穩定的財出天干，明顯工作財運會有變動，相當適合變動工作，但不宜投資；四十五歲戊戌和四十六歲己亥年，和大運一樣的土出天干，所以即使是弱土，也會覺得出現明顯壓力，可以變動工作但要注意感情婚姻或健康狀況；四十七歲庚子和四十八歲辛丑年，明顯有貴人出現，可以把握；四十九歲壬寅和五十歲癸卯年，人際容易出現變動，要注意因人際引起的財運變動；五十一歲甲辰和五十二歲乙巳年，財運還不錯，但要注意健康方面的不穩定。

五十三歲換丁卯大運，因為丁財出天干，而且又是偏弱的丁火，所以容易是財來財去的現象，而且也容易有錢財方面的忙碌和壓力。五十三歲丙午年和五十四歲丁未年，因為又是財出天干，且是相當旺的丙丁火，所以財運勢必會變動，投資方面要多小心注意，否則容易因而有壓力。

而在流年財運的分數部分，此範例的一生流年財運如下：

・虛歲十三歲到二十二歲走辛未運，是辛金出天干的夏運，則流年財運分數為：〈丙寅20〉〈丁卯25〉〈戊辰45〉〈己巳50〉〈庚午70〉〈辛未75〉〈壬申45〉〈癸酉50〉〈甲戌40〉〈乙亥50〉；

・虛歲二十三歲到三十二歲走庚午運，是庚金出天干的夏運，則流年財運分數為：〈丙子15〉〈丁丑20〉〈戊寅55〉〈己卯50〉〈庚辰80〉〈辛巳70〉〈壬午60〉〈癸未65〉〈甲申45〉〈乙酉50〉；

・虛歲三十三歲到四十二歲走己巳運，是己土出天干的夏運，則流年財運分數為：〈丙戌35〉〈丁亥30〉〈戊子40〉〈己丑45〉〈庚寅65〉〈辛卯70〉〈壬辰65〉〈癸巳55〉〈甲午65〉〈乙未60〉；

・虛歲四十三歲到五十二歲走戊辰運，是戊土出天干的春運，則流年財運分數為：〈丙申40〉〈丁酉35〉〈戊戌45〉〈己亥50〉〈庚子80〉〈辛丑85〉〈壬寅60〉〈癸卯55〉〈甲辰70〉〈乙巳65〉；

・虛歲五十三歲到六十二歲走丁卯運，是丁火出天干的春運，則流年財運分數為：〈丙午25〉〈丁未35〉〈戊申45〉〈己酉50〉〈庚戌60〉〈辛亥65〉〈壬子20〉〈癸丑25〉〈甲寅70〉〈乙卯65〉。

10、癸日主（癸卯、癸巳、癸未、癸酉、癸亥、癸丑）：

《財運詳細解說》：

癸日主一共有六個，也許因為地支的不同會影響到本命的旺弱，但基本上影響比較大的部分，會是在個人個性特質上及其他方面的差異，而在財運的分析方面其實影響並不大，尤其是在大方向的現象更不會有影響，最多只會是程度上的差別，所以在這裡要一起做解說。

當癸日主在大運逢到春夏運，大概有百分之八十以上會是好的財運運勢，但即使在好的十年大運裡，都還是有二到四個流年是不太理想的影響，都要注意。

- 如果大運逢到春夏運，且天干出甲乙木，甲寅、乙卯、甲辰、乙巳、甲午、乙未，代表大運走食傷生財現象，財運還不錯，可以運用自己的聰明才智來賺錢，自己專長或專業的工作類型，在不動產運方面也不錯。如果流年天干出現丙丁火，則要注意工作財運的變動或損失，但很適合變動工作；如果流年出現旺的金，庚申、辛酉、庚戌、辛亥、庚子、辛丑，有金剋木的現象，容易出現不理想的投資機會，要小心投資及錢財方面的損失，但適合變動工作。除了這些之外的流年組合，都屬於穩定的流年財運。以下是六十干支流年組合的財運分數，提供為流年財運的參考：

〈甲寅65〉〈乙卯70〉〈丙辰35〉〈丁巳40〉〈戊午30〉〈己未35〉〈庚申20〉

〈辛酉30〉〈壬戌55〉〈癸亥60〉〈甲子55〉〈乙丑50〉〈丙寅30〉〈丁卯35〉

〈戊辰50〉〈己巳45〉〈庚午40〉〈辛未50〉〈壬申70〉〈癸酉80〉〈甲戌75〉

〈乙亥70〉〈丙子35〉〈丁丑30〉〈戊寅45〉〈己卯40〉〈庚辰35〉〈辛巳40〉

〈壬午55〉〈癸未65〉〈甲申80〉〈乙酉70〉〈丙戌40〉〈丁亥30〉〈戊子40〉

〈己丑30〉〈庚寅45〉〈辛卯50〉〈壬辰70〉〈癸巳75〉〈甲午70〉〈乙未80〉

〈丙申30〉〈丁酉35〉〈戊戌40〉〈己亥30〉〈庚子25〉〈辛丑35〉〈壬寅65〉

〈癸卯70〉〈甲辰75〉〈乙巳70〉〈丙午45〉〈丁未40〉〈戊申35〉〈己酉40〉

〈庚戌30〉〈辛亥35〉〈壬子60〉〈癸丑65〉。

• 當癸日主在春夏運裡逢到丙丁火的大運，丙寅、丁卯、丙辰、丁巳、丙午、丁未，是財出天干的現象，財運方面屬於不穩定類型，適合在財來財去中獲得利益，相當適合從事業務、自由業，或是老闆…等等財不穩定型的工作類型，屬於為了錢財而

忙碌辛苦的類型。如果流年再出現丙丁火，很明顯會有工作財運變動，且會感覺相當有壓力，要注意財務上的壓力，但很適合變動工作；如果流年出現壬癸水，則會出現劫財現象，要小心因為別人而引起的財運變動或是損失，尤其是旺的水年，壬申、癸酉、壬戌、癸亥、壬子和癸丑。除了火和水之外的其他屬性流年，都屬於普通的流年財運。以下是六十干支流年組合的財運分數，提供為流年財運的參考：

〈甲寅70〉〈乙卯65〉〈丙辰35〉〈丁巳30〉〈戊午40〉〈己未45〉〈庚申50〉
〈辛酉60〉〈壬戌25〉〈癸亥20〉〈甲子55〉〈乙丑50〉〈丙寅30〉〈丁卯25〉
〈戊辰45〉〈己巳50〉〈庚午55〉〈辛未60〉〈壬申30〉〈癸酉35〉〈甲戌75〉
〈乙亥65〉〈丙子25〉〈丁丑20〉〈戊寅40〉〈己卯45〉〈庚辰55〉〈辛巳60〉
〈壬午40〉〈癸未45〉〈甲申80〉〈乙酉75〉〈丙戌30〉〈丁亥25〉〈戊子35〉
〈己丑30〉〈庚寅60〉〈辛卯50〉〈壬辰35〉〈癸巳40〉〈甲午85〉〈乙未80〉
〈丙申35〉〈丁酉30〉〈戊戌40〉〈己亥35〉〈庚子50〉〈辛丑55〉〈壬寅30〉
〈癸卯35〉〈甲辰80〉〈乙巳75〉〈丙午40〉〈丁未35〉〈戊申45〉〈己酉40〉
〈庚戌55〉〈辛亥50〉〈壬子20〉〈癸丑15〉。

•當癸日主在大運走的是春夏運，而且是戊己財出天干，戊寅、己卯、戊辰、己巳、戊午、己未，大方向代表工作財運屬於穩定的現象，雖然感覺有壓力和規範，不過財運很能穩定累積，但要注意到健康面的保養，因為會過於勞碌忙碌。如果逢遇到丙丁火出天干的流年，明顯工作財運會有變動，很適合投資或變動工作，但投資方面要量力而為，否則壓力會更大；若逢遇到戊己土出天干的流年，那就要注意健康或感情婚姻方面會影響到財運，尤其是旺的土流年，很適合搬遷移動；如果逢到旺的水流年，壬申、癸酉、壬戌、癸亥、壬子和癸丑，則很容意因為人際而影響到工作財運，要注意犯小人的現象。而其他組合的流年，都屬於穩定成長的流年財運。以下是六十干支流年組合的財運分數，提供為流年財運的參考：〈甲寅60〉〈乙卯65〉〈丙辰30〉

〈丁巳35〉〈戊午40〉〈己未45〉〈庚申65〉〈辛酉60〉〈壬戌65〉〈癸亥60〉

〈甲子50〉〈乙丑45〉〈丙寅35〉〈丁卯30〉〈戊辰45〉〈己巳50〉〈庚午60〉

〈辛未65〉〈壬申75〉〈癸酉85〉〈甲戌65〉〈乙亥60〉〈丙子30〉〈丁丑25〉

〈戊寅40〉〈己卯45〉〈庚辰65〉〈辛巳70〉〈壬午50〉〈癸未60〉〈甲申70〉

〈乙酉65〉〈丙戌35〉〈丁亥30〉〈戊子50〉〈己丑40〉〈庚寅55〉〈辛卯60〉

〈壬辰70〉〈癸巳65〉〈甲午60〉〈乙未70〉〈丙申40〉〈丁酉35〉〈戊戌45〉

〈己亥55〉〈庚子70〉〈辛丑75〉〈壬寅65〉〈癸卯60〉〈甲辰65〉〈乙巳70〉
〈丙午35〉〈丁未40〉〈戊申50〉〈己酉55〉〈庚戌60〉〈辛亥70〉〈壬子55〉
〈癸丑50〉。

•當癸日主在春夏運逢到金出天干的大運，就是庚寅、辛卯、庚辰、辛巳、庚午、辛未，財運方面屬於穩定且有貴人的類型，相當能在忙碌中有所收穫，但不建議超過自己能力的投機或投資。如果流年天干出現甲乙木，那在投資或不動產方面就容易不穩定，尤其是遇到較弱的木流年，像是甲戌、乙酉、乙亥、甲子和乙丑年，會是比較虛的投資機會，要小心不慎損失；如果在流年出現丙丁火出天干，財運方面容易變動或損失，但很適合變動工作。而除了木和火之外，其他屬性的流年組合，都屬於不錯的流年財運。以下是六十干支流年組合的財運分數，提供為流年財運的參考：

〈甲寅35〉〈乙卯40〉〈丙辰35〉〈丁巳40〉〈戊午35〉〈己未45〉〈庚申65〉
〈辛酉70〉〈壬戌55〉〈癸亥50〉〈甲子35〉〈乙丑30〉〈丙寅35〉〈丁卯30〉
〈戊辰40〉〈己巳45〉〈庚午55〉〈辛未60〉〈壬申65〉〈癸酉75〉〈甲戌40〉
〈乙亥35〉〈丙子25〉〈丁丑20〉〈戊寅45〉〈己卯35〉〈庚辰75〉〈辛巳65〉

〈壬午55〉〈癸未60〉〈甲申35〉〈乙酉45〉〈丙戌35〉〈丁亥30〉〈戊子50〉
〈己丑45〉〈庚寅70〉〈辛卯65〉〈壬辰60〉〈癸巳65〉〈甲午45〉〈乙未50〉
〈丙申40〉〈丁酉35〉〈戊戌55〉〈己亥50〉〈庚子80〉〈辛丑70〉〈壬寅50〉
〈癸卯55〉〈甲辰40〉〈乙巳45〉〈丙午40〉〈丁未50〉〈戊申65〉〈己酉55〉
〈庚戌70〉〈辛亥75〉〈壬子40〉〈癸丑45〉。

• 當癸日主在春夏大運天干出壬癸水，是壬寅、癸卯、壬辰、癸巳、壬午、癸未，屬於人際的運勢現象，工作財運容易受到人際影響。如果流年又是丙丁火出天干，尤其是火弱的流年，丁酉、丙戌、丁亥、丙子和丁丑，則要很小心工作財運的變動及投資，很容易會是損失，但適合變動工作；如果流年出現弱的己土，己卯、己酉、己亥、己丑、己丑，則容易會犯小人或煩躁，要注意健康或婚姻狀況。而其他屬性流年，都屬於不錯的流年財運。以下是六十干支流年組合的財運分數，提供為流年財運的參考：

〈甲寅75〉〈乙卯70〉〈丙辰40〉〈丁巳35〉〈戊午40〉〈己未45〉〈庚申60〉
〈辛酉65〉〈壬戌45〉〈癸亥55〉〈甲子60〉〈乙丑55〉〈丙寅25〉〈丁卯20〉
〈戊辰45〉〈己巳40〉〈庚午55〉〈辛未60〉〈壬申50〉〈癸酉60〉〈甲戌75〉

〈乙亥65〉〈丙子20〉〈丁丑15〉〈戊寅40〉〈己卯35〉〈庚辰65〉〈辛巳70〉〈壬午50〉〈癸未60〉〈甲申80〉〈乙酉70〉〈丙戌30〉〈丁亥20〉〈戊子45〉〈己丑35〉〈庚寅60〉〈辛卯65〉〈壬辰65〉〈癸巳60〉〈甲午85〉〈乙未90〉〈丙申40〉〈丁酉35〉〈戊戌50〉〈己亥40〉〈庚子70〉〈辛丑75〉〈壬寅50〉〈癸卯55〉〈甲辰80〉〈乙巳85〉〈丙午45〉〈丁未40〉〈戊申45〉〈己酉50〉〈庚戌65〉〈辛亥70〉〈壬子45〉〈癸丑50〉。

• 當癸日主走秋冬運，雖然秋天的金水會比較旺盛，不過還是要看個人的工作職業選擇，還有投資理財的規劃，才能判斷財運好壞。如果大運出現的是甲乙木出天干，甲申、乙酉、甲戌、乙亥、甲子、乙丑，財運屬於普通，因為秋冬木比較不穩定，所以要注意不動產方面的投資，也不宜過多不切實際的想法。如果流年出現甲乙木，尤其是旺的木，則很適合買賣不動產；如果流年出現弱火，丁酉、丙戌、丁亥、丙子和丁丑，明顯會有工作財運變動，要注意投資損失，但適合變動工作；如果流年出現弱的己土，己卯、己酉、己亥、己丑、己丑，則容易會有工作錢財的壓力，但很適合搬遷；如果流年出現庚辛金出天，則要小心投資損失，尤其是旺的金流年，庚申、辛酉、庚戌、辛亥、庚子和辛丑年。除了上述的流年，其他都是普通的財運運勢。以下是六十干支流年組合的財運分數，提供為流年財運的參考：

〈甲寅65〉〈乙卯60〉〈丙辰35〉〈丁巳40〉〈戊午35〉〈己未40〉〈庚申25〉
〈辛酉30〉〈壬戌50〉〈癸亥45〉〈甲子55〉〈乙丑45〉〈丙寅30〉〈丁卯25〉
〈戊辰50〉〈己巳40〉〈庚午50〉〈辛未45〉〈壬申55〉〈癸酉65〉〈甲戌60〉
〈乙亥50〉〈丙子25〉〈丁丑20〉〈戊寅35〉〈己卯30〉〈庚辰35〉〈辛巳40〉
〈壬午75〉〈癸未80〉〈甲申70〉〈乙酉55〉〈丙戌35〉〈丁亥25〉〈戊子30〉
〈己丑25〉〈庚寅40〉〈辛卯50〉〈壬辰70〉〈癸巳75〉〈甲午80〉〈乙未75〉
〈丙申40〉〈丁酉35〉〈戊戌45〉〈己亥35〉〈庚子25〉〈辛丑30〉〈壬寅65〉
〈癸卯70〉〈甲辰75〉〈乙巳70〉〈丙午30〉〈丁未35〉〈戊申40〉〈己酉35〉
〈庚戌30〉〈辛亥35〉〈壬子40〉〈癸丑45〉。

• 當癸日主走秋冬運，大運出現的是天干丙丁的火運，丙申、丁酉、丙戌、丁亥、丙子和丁丑，大運是財出天干，而且是秋冬的弱火，則大方向是不穩定的財運運勢，且並不建議投資或創業，比較建議長期穩定型的理想方式。如果出現丙丁火的流年，尤其

是弱的火，丁酉、丙戌、丁亥、丙子和丁丑，則要注意有損失或婚姻感情及健康的狀況，但適合變動工作，不過旺的火流年就比較理想許多；如果逢到金出天干的流年，尤其是較旺的金，庚申、辛酉、庚戌、辛亥、庚子、辛丑，則要注意因為自己的猶豫不決或太理想化的決定，所造成的不良後果；而如果是出現壬癸水的流年，明顯會因人際而出現工作財運變動或損失，不建議借貸或合夥，尤其是水旺的流年，壬申、癸酉、壬戌、癸亥、壬子、癸丑，但適合變動工作。其他的流年組合則會比較穩定。以下是六十干支流年組合的財運分數，提供為流年財運的參考：〈甲寅65〉

〈乙卯60〉〈丙辰35〉〈丁巳40〉〈戊午55〉〈己未60〉〈庚申50〉〈辛酉55〉

〈壬戌25〉〈癸亥30〉〈甲子55〉〈乙丑45〉〈丙寅30〉〈丁卯25〉〈戊辰60〉

〈己巳55〉〈庚午50〉〈辛未45〉〈壬申30〉〈癸酉40〉〈甲戌55〉〈乙亥45〉

〈丙子20〉〈丁丑15〉〈戊寅50〉〈己卯40〉〈庚辰45〉〈辛巳50〉〈壬午40〉

〈癸未45〉〈甲申65〉〈乙酉60〉〈丙戌30〉〈丁亥20〉〈戊子45〉〈己丑35〉

〈庚寅50〉〈辛卯55〉〈壬辰35〉〈癸巳40〉〈甲午80〉〈乙未85〉〈丙申35〉

〈丁酉30〉〈戊戌55〉〈己亥45〉〈庚子40〉〈辛丑45〉〈壬寅30〉〈癸卯35〉

〈甲辰75〉〈乙巳80〉〈丙午40〉〈丁未45〉〈戊申60〉〈己酉50〉〈庚戌45〉

〈辛亥40〉〈壬子20〉〈癸丑25〉。

• 當癸日主走秋冬運，大運是戊己出天干，戊申、己酉、戊戌、己亥、戊子、己丑，大方向是屬於穩定的財運運勢，很適合穩定中成長，但不宜過快或過多的投資。如果流年逢到甲乙木，特別是旺的木，甲寅、甲辰、乙巳、甲午、乙未和甲申年，則在不動產方面容易有變動，可以投資但要小心；如果流年出現丙丁火，尤其是弱的火，丁酉、丙戌、丁亥、丙子和丁丑，則要注意工作財運的變動，不建議投資但適合變動工作；如果逢到戊己土流年，則容易有工作財運的壓力，維持穩定低調會比較理想；如果流年出現水旺的流年，像是壬申、癸酉、壬戌、癸亥、壬子、癸丑，容易因人際而影響工作財運，甚至是感情婚姻。其他的流年組合都屬於不錯的財運現象。以下是六十干支流年組合的財運分數，提供為流年財運的參考：〈甲寅60〉〈乙卯65〉〈丙辰35〉〈丁巳40〉〈戊午35〉〈己未40〉〈庚申60〉〈辛酉70〉〈壬戌45〉〈癸亥50〉〈甲子55〉〈乙丑45〉〈丙寅30〉〈丁卯25〉〈戊辰50〉〈己巳45〉〈庚午55〉〈辛未65〉〈壬申60〉〈癸酉70〉〈甲戌55〉〈乙亥50〉〈丙子25〉〈丁丑20〉〈戊寅45〉〈己卯50〉〈庚辰75〉〈辛巳70〉〈壬午60〉

〈癸未50〉〈甲申60〉〈乙酉65〉〈丙戌35〉〈丁亥25〉〈戊子40〉〈己丑45〉〈庚寅60〉〈辛卯65〉〈壬辰55〉〈癸巳50〉〈甲午70〉〈乙未75〉〈丙申35〉〈丁酉30〉〈戊戌45〉〈己亥50〉〈庚子70〉〈辛丑75〉〈壬寅65〉〈癸卯60〉〈甲辰65〉〈乙巳70〉〈丙午40〉〈丁未45〉〈戊申55〉〈己酉50〉〈庚戌65〉〈辛亥70〉〈壬子40〉〈癸丑45〉。

•當癸日主走秋冬運，大運出現的是庚辛金出天干，也就是庚申、辛酉、庚戌、辛亥，庚子、辛丑，其實大方向是不穩定的運勢，建議要改變自己理所當然的態度，不宜情緒化的做任何決定，否則容易不斷變動工作和投資，結果並沒有真正有利。如果流年天干出現甲乙木，則出現金剋木，要注意比較預期外的狀況，像是不動產、婚姻感情，甚至是健康或官司都可能，所以不是太理想的財運運勢；如果流年出現火弱，像丁酉、丙戌、丁亥、丙子和丁丑，則要注意工作財運的變動，小心出現損失，但適合變動工作；如果流年出現庚辛金旺，庚申、辛酉、庚戌、辛亥、庚子、辛丑，則有貴人運，但不宜做超過能力的事，否則會變成負擔。其他的流年組合，財運運勢都屬於普通穩定現象。以下是六十干支流年組合的財運分數，提供為流年財運的參考：

〈甲寅35〉〈乙卯40〉〈丙辰35〉〈丁巳30〉〈戊午55〉〈己未60〉〈庚申70〉〈辛酉75〉〈壬戌55〉〈癸亥60〉〈甲子30〉〈乙丑25〉〈丙寅30〉〈丁卯25〉〈戊辰60〉〈己巳50〉〈庚午75〉〈辛未80〉〈壬申60〉〈癸酉70〉〈甲戌35〉〈乙亥30〉〈丙子25〉〈丁丑20〉〈戊寅60〉〈己卯50〉〈庚辰75〉〈辛巳80〉〈壬午60〉〈癸未65〉〈甲申40〉〈乙酉35〉〈丙戌30〉〈丁亥25〉〈戊子50〉〈己丑40〉〈庚寅60〉〈辛卯65〉〈壬辰50〉〈癸巳60〉〈甲午35〉〈乙未45〉〈丙申35〉〈丁酉30〉〈戊戌60〉〈己亥50〉〈庚子70〉〈辛丑80〉〈壬寅60〉〈癸卯55〉〈甲辰40〉〈乙巳45〉〈丙午40〉〈丁未35〉〈戊申65〉〈己酉55〉〈庚戌65〉〈辛亥70〉〈壬子50〉〈癸丑45〉。

- 當癸日主走秋冬運，大運出現壬癸水出天干，即壬申、癸酉、壬戌、癸亥、壬子、癸丑，大方向走人際運勢的現象，很容易因為人際而出現劫財及損失，所以不建議與人合夥。如果流年出現弱的甲乙木，甲戌、乙酉、乙亥、甲子及乙丑年，則要注意不動產的變動，容易是不理想的狀況，但適合搬遷或去遠方發展；如果流年出現丙丁火，則明顯出現劫財和小人，要非常注意投資或合夥的問題，很容易出現損失，但很適合變動工作，還有也要小心感情婚姻或健康的變動；如果流年出現弱己土，己卯、己酉、己亥、己丑、己丑，也是要注意人際帶來的壓力和變動，旺土的流年就比較沒問題。其他的流年組合，都屬於普通的財運運勢。以下是六十干支流年組合的財運分數，提供為流年財運的參考：〈甲寅65〉〈乙卯55〉〈丙辰30〉
〈丁巳35〉〈戊午50〉〈己未45〉〈庚申50〉〈辛酉55〉〈壬戌45〉〈癸亥50〉
〈甲子45〉〈乙丑35〉〈丙寅20〉〈丁卯15〉〈戊辰40〉〈己巳45〉〈庚午60〉
〈辛未65〉〈壬申50〉〈癸酉55〉〈甲戌60〉〈乙亥40〉〈丙子15〉〈丁丑10〉
〈戊寅45〉〈己卯30〉〈庚辰55〉〈辛巳60〉〈壬午50〉〈癸未60〉〈甲申70〉
〈乙酉45〉〈丙戌25〉〈丁亥15〉〈戊子40〉〈己丑20〉〈庚寅50〉〈辛卯55〉
〈壬辰50〉〈癸巳60〉〈甲午75〉〈乙未65〉〈丙申35〉〈丁酉25〉〈戊戌45〉
〈己亥25〉〈庚子60〉〈辛丑65〉〈壬寅50〉〈癸卯55〉〈甲辰70〉〈乙巳60〉
〈丙午40〉〈丁未35〉〈戊申55〉〈己酉40〉〈庚戌55〉〈辛亥60〉〈壬子40〉
〈癸丑50〉。

《癸日主範例與詳細解說》：

此範例為女命癸日主的癸酉日，生於甲寅年的乙亥月，如果要從八字本命來看此人個性，相當有癸日主的個性特質，此八字本命的搭配還算調和，所以此人是屬於聰明體貼的類型，相當有觀察力且有想法。而在財運方面，此人的大運是七歲起運走甲戌木運，是甲木出天干的秋運，家運財運雖屬於有壓力的現象，但會越來越理想，父母會有貴人幫助。而十七歲開始換癸酉運，是秋水出天干的運勢，也代表開始走人際運勢，對家運來說似乎會較不穩定些，但是也不至於太糟。

接下來二十七歲換壬申運，整體來說和前一個癸酉現象差不多，都是水多的大運，而且是源源不絕的活水，對此人來說，人際對工作財運的影響很大，是好是壞都會受到影響。二十七歲庚辰和二十八歲辛巳年，出現偏弱的金，對癸日主來說還不錯，有不錯的財運機會可以把握；二十九歲壬午和三十歲癸未年，夏運出水，對癸日主來說是屬於有實力的人際，是不錯的貴人運，財運相當好；三十一歲甲申和三十二歲乙酉年，偏弱的秋木，對癸日主來說會有不動產的變動，適合置產或與人合夥，或是搬遷，但不宜與人借貸。三十三歲丙戌和三十四歲丁亥年，火不穩定的財出天干，代表工作財運不穩定也不理想，加上大運是較旺的壬水，明顯會有劫財或投資損失出現，但很適合變動工作；三十五歲戊

八字本命

時柱	日柱（日主）	月柱	年柱	年限虛歲
46歲之後	31至45歲	16至30歲	1至15歲	
戊午	癸酉	乙亥	甲寅	四柱干支

大運

57歲至66歲	47歲至56歲	37歲至46歲	27歲至36歲	17歲至26歲	7歲至16歲	年限虛歲
己巳	庚午	辛未	壬申	癸酉	甲戌	干支

流年

30	29	28	27	26	25	24	23	22	21	20	19	18	17	16	15	14	13	12	11	10	9	8	7	6	5	4	3	2	1 +60	虛歲
癸未	壬午	辛巳	庚辰	己卯	戊寅	丁丑	丙子	乙亥	甲戌	癸酉	壬申	辛未	庚午	己巳	戊辰	丁卯	丙寅	乙丑	甲子	癸亥	壬戌	辛酉	庚申	己未	戊午	丁巳	丙辰	乙卯	甲寅	干支
60	59	58	57	56	55	54	53	52	51	50	49	48	47	46	45	44	43	42	41	40	39	38	37	36	35	34	33	32	31	虛歲
癸丑	壬子	辛亥	庚戌	己酉	戊申	丁未	丙午	乙巳	甲辰	癸卯	壬寅	辛丑	庚子	己亥	戊戌	丁酉	丙申	乙未	甲午	癸巳	壬辰	辛卯	庚寅	己丑	戊子	丁亥	丙戌	乙酉	甲申	干支

子和三十六歲己丑年，明顯感覺有壓力出現，很可能是錢財的壓力，要注意感情或健康方面的變動，不過很適合結婚或離婚。

三十七歲換辛未大運，大方向是夏運好運，雖然金弱會較勞碌忙碌，但在財運方面則會相當有所累積。三十七歲庚寅和三十八歲辛卯年，流年出現弱的金，會出現還不錯的工作財運機會，甚至是升遷；三十九歲壬辰和四十歲癸巳年，偏弱的水流年，人際方面會有變動，但不會影響財運；四十一歲甲午和四十二歲乙未年，出現相當旺的木流年，相對水也變弱許多，大運辛未金也更弱，代表會買賣不動產，也會更忙碌不得閒，健康方面也要注意肝腎方面；四十三歲丙申和四十四歲丁酉年，出現秋火不穩定的財出天干，明顯工作財運會有變動，很容易因為錢財而有壓力，相當適合變動工作或搬遷；四十五歲戊戌和四十六歲己亥年，戊戌己土出天干，即使是弱土，也會感覺到壓迫或壓力，要注意感情婚姻或健康狀況，財運方面屬於穩定。

四十七歲換庚午大運，大方向會和辛未差不多，但整體感覺會比較自在，生活也會比較有彈性且愉快，財運屬於不錯的現象。四十七歲庚子和四十八歲辛丑年，明顯有貴人出現，而且會是相當理想的投資或工作機會，可以把握；四十九歲壬寅和五十歲癸卯年，人際容易出現變動，但應該是好的人際影響，有機會讓財運更理想；五十一歲甲辰和五十二歲乙巳年，財運還不錯，但要注意不動產或健康方面的不穩定；五十三歲丙午年和五十四歲丁未年，因為又是財出天干，且是相當旺的丙丁火，所以財運勢必會變動，投資方面要多小心注意，不宜貪心才會有好回報；五十五歲戊申和五十六歲己酉年，財運屬於穩定。

五十七歲換己巳大運，是相當旺的己土，對癸日主來說比較有壓力，不過大方向的財運屬於穩定，是不錯的財運運勢。五十九歲壬子和六十歲癸丑年，要注意人際變動或人際引起的財運變動，不宜合夥或借貸。

而在流年財運的分數部分，此範例的一生流年財運如下：

- 虛歲十七歲到二十六歲走癸酉運，是癸水出天干的秋運，則流年財運分數為：

〈庚午60〉〈辛未65〉〈壬申50〉〈癸酉55〉〈甲戌60〉〈乙亥40〉〈丙子15〉〈丁丑10〉〈戊寅45〉〈己卯30〉；

・虛歲二十七歲到三十六歲走壬申運，是壬水出天干的秋運，則流年財運分數為：

〈庚辰55〉〈辛巳60〉〈壬午50〉〈癸未60〉〈甲申70〉〈乙酉45〉〈丙戌25〉〈丁亥15〉〈戊子40〉〈己丑20〉；

・虛歲三十七歲到四十六歲走辛未運，是辛金出天干的夏運，則流年財運分數為：

〈庚寅70〉〈辛卯65〉〈壬辰60〉〈癸巳65〉〈甲午45〉〈乙未50〉〈丙申40〉〈丁酉35〉〈戊戌55〉〈己亥50〉；

・虛歲四十七歲到五十六歲走庚午運，是庚金出天干的夏運，則流年財運分數為：

〈庚子80〉〈辛丑70〉〈壬寅50〉〈癸卯55〉〈甲辰40〉〈乙巳45〉〈丙午40〉〈丁未50〉〈戊申65〉〈己酉55〉；

・虛歲五十七歲到六十六歲走己巳運，是己土出天干的夏運，則流年財運分數為：

〈庚戌60〉〈辛亥70〉〈壬子55〉〈癸丑50〉〈甲寅60〉〈乙卯65〉〈丙辰30〉〈丁巳35〉〈戊午40〉〈己未45〉。

後記

「財運」對於大部分的人來說都非常重視，因為財運的好壞，對大家的工作、生活及各個方面都會有所影響，而財運在命理中也是非常重要的一個部分，也所以這本書是在幫大家解析財運現象，希望對大家有所幫助。

八字命理是屬於比較艱深的命理學，如果要讓一般人很快的學會，畢竟不容易，所以要如何深入淺出的呈現出八字命理現象，就是更不容易的事，既要簡單表現財運現象，又要不失準確度，的確需要一些現代化的方式，而筆者從第一本書開始，除了運用圖表及曲線的方式來表現運勢現象，也都有運用數值來呈現出運勢好壞，這是目前看起來最簡單且精準的方式，也就是說除了八字命理本身的理論基礎外，還加上了流年財運數值，希望輔助讀者能更了解財運現象，而且也能讓讀者對八字命理多一些興趣及判斷方向。

這本書的內容沒有艱深的傳統論命方法，並不討論格局和調候，所以適合一般大眾來參考閱讀，很容易的就能知道財運好壞及現象。而在八字的專業理論方面，當然還是很完整的呈現所有財運相關的八字判斷理論，而且用白話解說來說明財運判斷的理論和脈絡，再加上提供數值來表現流年的財運好壞，相信更能讓大家簡單的了解財運運勢現象。

而如果真的對八字理論無法理解，那可以有另一種翻閱此書的方式，那就是手邊先有八字命盤之後，先找出自己的日主天干分類，然後從日主分類再去找大運的干支分類，就可以簡單的對照出流年的財運數值，了解流年財運的好壞現象，之後如果有興趣更了解運勢好壞緣由，則可以往前看八字理論的解說和現象分析，也就是用倒裝的方式，從結果好壞去推估八字理論現象，這對於有興趣學習八字的人來說，也是相當好的方式，而且也不用怕會判斷錯誤，或是抓不到方向去判斷好壞。

當然對於一般人來說，八字命理要學習也許很遙遠也很困難，如果沒有真的花個幾年做基本功訓練和命例印證，似乎無法有一定的論命水準，而基於這樣的思考，筆者覺得是不是有更簡易的方式，能讓大眾都來了解自己的八字命盤，而且不僅僅只是學入門和皮毛，希望大家都能在八字命理中有所獲益，也不用真的去找算命老師去花大錢算命，是不是用更普遍及更簡易的方式讓大家都能了解自己的八字財運現象，所以也希望這本書能讓讀者，輕鬆的就能了解自己的財運好壞現象，且更能掌握住財運運勢起伏，也希望可以提升對八字命理的興趣。

筠綠

國家圖書館出版品預行編目資料

八字問財 / 筠綠著.
－－第一版－－臺北市：知青頻道出版；
紅螞蟻圖書發行，2012.10
面　公分－－(Easy Quick；124)
ISBN 978-986-6030-41-3（平裝）

1.命書 2.生辰八字

293.12　　101018911

Easy Quick 124

八字問財

作　　者／筠　綠
校　　對／楊安妮、周英嬌、筠　綠
發 行 人／賴秀珍
榮譽總監／張錦基
總 編 輯／何南輝
出　　版／知青頻道出版有限公司
發　　行／紅螞蟻圖書有限公司
地　　址／台北市內湖區舊宗路二段121巷28號4F
網　　站／www.e-redant.com
郵撥帳號／1604621-1　紅螞蟻圖書有限公司
電　　話／(02)2795-3656（代表號）
傳　　真／(02)2795-4100
登 記 證／局版北市業字第796號
法律顧問／許晏賓律師
印 刷 廠／卡樂彩色製版印刷有限公司
出版日期／2012年 10月　第一版第一刷

定價 280 元　港幣 93 元

ISBN 978-986-6030-41-3　　Printed in Taiwan